高情商的聊天术、说话方式和技巧。

连山 编著

情商高就是要懂得好好说话

吉林出版集团股份有限公司

版权所有　侵权必究

图书在版编目（CIP）数据

情商高就是要懂得好好说话 / 连山编著. -- 长春：吉林出版集团股份有限公司, 2018.11

ISBN 978-7-5581-5910-7

Ⅰ.①情… Ⅱ.①连… Ⅲ.①口才学 – 通俗读物 Ⅳ.① H019–49

中国版本图书馆 CIP 数据核字（2018）第 244361 号

QINGSHANG GAO JIUSHI YAO DONGDE HAOHAO SHUOHUA
情商高就是要懂得好好说话

编　　著：	连　山
出版策划：	孙　昶
责任编辑：	刘晓敏
装帧设计：	韩立强
插画绘制：	陈大小
出　　版：	吉林出版集团股份有限公司
	（长春市福祉大路 5788 号，邮政编码：130118）
发　　行：	吉林出版集团译文图书经营有限公司
	（http://shop34896900.taobao.com）
电　　话：	总编办 0431-81629909　营销部 0431-81629880 / 81629900
印　　刷：	天津海德伟业印务有限公司
开　　本：	880mm×1230mm　1/32
印　　张：	6
字　　数：	124 千字
版　　次：	2018 年 11 月第 1 版
印　　次：	2021 年 5 月第 3 次印刷
书　　号：	ISBN 978-7-5581-5910-7
定　　价：	32.00 元

印装错误请与承印厂联系　　电话：022-82638777

前言 PREFACE

在今天这样的信息时代，人们的文化视野、交际范围不断扩大了，有越来越多的场合需要公开地发表意见，用语言来打动别人。自我推荐、介绍产品、主持会议、商务谈判、交流经验、鼓励员工、化解矛盾、探讨学问、接洽事务、交换信息、传授技艺，还有交际应酬、传递情感和娱乐消遣都离不开说话。另外，一个人的能力能否表现出来，在很大程度上也取决于他是否会说话，因此，口才就成了衡量一个人是否有能力的重要标准之一。美国成功学大师戴尔·卡耐基说："当今社会，一个人的成功，仅仅有15%取决于技术知识，而其余85%则取决于人际关系及有效说话等软本领。" 由此可见口才技巧的重要性，掌握口才技巧，已经成为现代人成功的必备条件。

说话看似很简单，但是要说出有水平，容易被人理解、接受的话则不能不懂得心理学。说话的根本目的在于表达和沟通，懂不懂心理学，表达和沟通的效果将大相径庭。一个会说话的人，遇见陌生人时，知道如何说话能让自己跟对方达成一种"一见如故"的默契；和同事共事时，知道如何说话能让自己受到大家的欢迎；拜访客户时，知道如何说话能让自己赢得客户的心，从而使其决定购买自己的产品；再如跟恋人或朋友说话时，知道怎样给对方带来乐趣，加深彼此间的感情……而那些不会说话的人，笨嘴拙舌、词不达意，说出很多废话，不能与别人进行有效的沟通，不仅会坐失良机，也很难在事业上有出人头地的机会，若出言不当还会让自己陷入"四面楚歌"的境地。正所谓："一句话能把人说得笑，一句话也能把人说得跳。"同样是说话，为什么会有如此大的区别呢？这其中的关键就在于前者在谈话时能够运用各种技巧，把话说到别人的心窝里，从而成功地赢得人们的信任和喜爱，而后者却不懂得在谈话中运用技巧，说话不得体，导致自己失去人心。可见，我们与人谈话的过程，实质是洞察对方心理的一个过程。所以，了解并掌握一些有关的心理学常识，是提升口才技巧的关键。

只有知道他人心里怎么想，才能知道自己口里怎么说。从现在开始本书告诉你：重要的不是你想说什么，而是对方想听什么。本书全面系统地揭示心理学在口才技巧中的运用，指导读者把握好沉默的分寸，把握好说话时机、说话曲直、说话轻重与别人开玩笑的分寸，懂得怎样问别人才会说，怎样说别人才会听。

目录

第一章 懂点心理学，做高情商的沟通者
以"利"服人，钓鱼必须知道鱼吃什么 / 1
心理胁迫术：刚柔相济，劝诫更有效 / 7
换个角度说话让对方心悦诚服 / 11
获取认同感，轻松提请求 / 16

第二章 完美笑话公式：把对方逗笑，就没有办不成的事
善用幽默，走到哪里你都是焦点 / 20
多点幽默，让话语生动有趣 / 22
将幽默融入意见中去 / 27
婉言表述成幽默 / 29

第三章 好心情原理：时机对了，怎么说都不重要

会听话，更要会适时说话 / 33

看准领导情绪，把握时机说对话 / 37

话不投机，赶紧转弯 / 40

切合时机，说出恰当的话 / 43

第四章 欲扬先抑定律：批评有套路，对事不对人

批评别人时要给对方台阶下 / 46

批评别人时应遵守的原则 / 49

看透不点透：事情说得太白会伤和气 / 51

第五章 第一印象：5分钟与陌生人成为朋友的策略

制造"一见如故"的感觉 / 54

恰当的称呼是畅聊的开关 / 58

与重要人物见面，说话时阵脚不可乱 / 61

第六章 逆反心理：给足面子，三言两语搞定他

适当地"贬低"自己 / 63

"示弱"比"示强"更讨人喜欢 / 66

有时说话要隐晦些 / 68

暗示，不伤他人自尊的言语控制术 / 70

第七章 南风法则：一句暖心话，让他心甘情愿为你做事

温和的言语让人更舒服 / 73

善意的交谈让你更容易为人接受 / 79

朋友失意，安慰的话一定要得体 / 82

用"同病相怜"的经历来缓解对方压力 / 86

意识唤醒法使其走出悲伤阴影 / 88

第八章 赞美催眠法：千言万语，不如给他点个"赞"

人人都渴望被夸奖 / 91

富有创意的赞美，消除对方的"警戒心" / 97

夸人要夸到点子上 / 100

赞扬客户身上的闪光点 / 102

第九章 沉默控场术：学会把话语权交给对方

少说多听，做个倾听高手 / 105

时机未到就得保持沉默 / 108

恰当运用沉默的方式 / 110

第十章 巧设玄机，瞬间掌握他人心理的问话术

探路式提问，消除对方的"警戒心" / 113

设置心理"陷阱"，由浅及深问到底 / 116

提问环环相扣，让其退无可退 / 119

好话能催眠，先寒暄再提问 / 123

第十一章　自我伪装术：用语言装饰自己，精装和毛坯的感觉截然不同

说话要扬己之长，避己之短 / 126
让别人折服于你的语言魅力 / 129
打好圆场，不做冷场王 / 132
学会保持神秘感 / 134

第十二章　巧妙说"不"，别让不好意思害了你

面对非分要求，诙谐言语防尴尬 / 137
巧妙运用"客观理由"进行拒绝 / 138
知己知彼，理由才能更充分 / 142
拒绝要真诚，不能让人感觉你敷衍了事 / 144

第十三章　没有处不好的上司，只有不会说话的下属

不要超越领导的位置 / 149
对领导说话不卑不亢 / 152
拒绝老板有技巧 / 154
对领导有意见委婉说 / 159
汇报工作不能点到即止 / 162

第十四章　要么出众，要么出局，人人都爱会说话的同事

初来乍到的说话规矩 / 166

职场套路深，说话讲分寸 / 169

被提拔时，面对同事说话一定留三分 / 170

自曝劣势，淡化优势 / 172

让同事接纳的有效说话方式 / 174

巧借第三者之口赞美对方 / 177

第一章

懂点心理学,做高情商的沟通者

以"利"服人,钓鱼必须知道鱼吃什么

你是否会为他人着想,为他人做一点事呢?几乎所有脱离群体、以自我为中心的人,他们的座右铭都是"人不为己,天诛地灭"。这也就是为什么一旦有人优先考虑他人所托之事时,就会被传为美谈,备受众人的称颂和尊重。

如果能够充分理解这一点,那么想要说服他人就有如探囊取物般容易了。只要了解对方真正想追求的利益何在,进而满足他的欲望便可达到目的。

肿瘤患者放疗时,每周测一次血常规,有的患者拒绝检查,主要是因为他们没意识到这种检测的目的是保护他们。

一次,护士小王走进一个房间,说:"王大嫂,该抽血了!"

患者拒绝说:"不抽,我太瘦了,没有血,我不抽了!"

小王耐心地解释:"抽血是因为要检查骨髓的造血功能是否

正常,例如,白细胞、红细胞、血小板等,血象太低了就不能继续做放疗,人会很难受,治疗也会中断。"

患者更好奇地说:"血象太低了又会怎样?"

小王说:"血象太低了,医生就会用药物使它上升,仍然可以放疗!你看,别的病友都抽了!一点点血,对你不会有什么影响的。再说还可以补回来呀。"

患者被说服了。

相信很多人都经历过,在说服或拜托别人做事情时,不管怎样劝说或恳求对方,对方总是敷衍应付、漠不关心。这时你首先要唤起对方的关注,然后再说服诱导。在推销方面,推销员为了唤起顾客的注意,并实施购买,往往是先诱导后说服。

在英国工业革命方兴未艾时,以发明发电机而闻名的法拉第,为了能够得到政府的研究资助,曾去拜访首相。

法拉第带着一个发电机的模型,滔滔不绝地讲述着这个划时代的发明。但首相的反应始终很冷淡,一副漠不关心的样子。

事实上,这也是无可奈何的事情,因为他只是一个了不起的政治家,要他看着这种周围缠着线圈的磁石模型,心里想着这将会引起后世产业结构的巨大转变,实在是太困难了。但是法拉第在说了下面这段话后,原本态度冷漠的首相突然变得非常热心起来。他说道:"首相,如果这个机械将来能普及的话，必定能增加税收。"

显而易见，首相听了法拉第所说的话后，态度突然有了强烈的转变。其原因就是发动机将来一定会让资本家获得相当大的利润，而资本家利润增加必能使政府得到一笔很可观的税收，而首相关心的就在于此。

在与人交流时要考虑到对方的利益，以"利"服人是一大先决条件。但是，将这条最基本要素抛于脑后的却大有人在，他们没有满足对方最大的利益，只是一心一意想要满足自己的私欲。例如以下这个故事：

日本某酒厂研发部门的负责人成功研发了一种新水果酒，为求尽快让产品打入市场，他决定说服社长进行大量生产。

"社长，又有新的产品研发出来了。这次的产品是前所未有的新发明，绝对能畅销。连我都喜欢的东西，绝对有市场。我敢拍胸脯保证。"

"什么新产品？"

"就是这个，用梨汁酿制的白兰地。"

"什么？梨汁酿的白兰地？！那种东西谁会喝？况且喝白兰地的人本来就少，更甭说用

第一章 懂点心理学，做高情商的沟通者　　3

梨汁酿的白兰地……就连我自己都不会去喝。不行！"

"请您再评估评估，我认为很可行。用梨汁酿酒本来就不多见，梨子有独特的果香，一定很适合现代人的口味。"

"嗯，我觉得还是不行。"

"我认为绝对会畅销……请您再考虑一下。"

"你怎么这样唠叨？不行就是不行。"

"好歹也要试试看啊，这是好不容易才研发出来的呀！"

"够了，滚吧！"

最后，社长终于忍不住发火。这位研发部门的负责人不仅没能说服社长，反而坏了自己的名声。

他该如何做呢？首先应充分考虑对方的利益为何，再考虑自己的利益何在，然后将两者合并起来，找出双方共有的利益所在，最后再进行劝说。先不要急着说双方没有共同的利益，一定会有的。重要的是，不要放弃，直到找出为止。

下面我们再看一个例子。"钢铁大王"卡内基实际上对钢铁制造并不太了解，那么他成功的原因是什么呢？关键就在于他知道如何统御众人。

他知道名字对一个人的重要性。当他还是个孩子的时候，曾在田野里抓到两只兔子，他很快就替它们筑好了窝，但发现自己没有食物喂它们，就想到了一个妙计——把邻居空的小孩找来，如果他们能为兔子找到食物，就以他们的名字来为兔子命名。

这条妙计产生了意想不到的效果，因此卡内基永远也忘不了这个经验。

当卡内基与乔治·波尔曼都在争取一笔汽车生意时，这位"钢铁大王"就用到了这个经验。

当时卡内基所经营的中央能运公司正在与波尔曼的公司竞争，他们都想争夺太平洋铁路的生意，但这种互相残杀对彼此的利益都有很大的损害。当卡内基与波尔曼都要去纽约会见太平洋铁路公司的董事长时，他们在尼加拉斯旅馆碰面，卡内基说："波尔曼先生，我们不要再彼此玩弄对方了。"

波尔曼不悦地说："我不懂你的意思。"

于是，卡内基就把心里的计划说出来，希望能兼顾二者的利益，他描述了合作的好处以及竞争的缺点。波尔曼半信半疑地听着，最后问道："那么新公司要叫什么名字呢？"卡内基立刻答道："当然是叫波尔曼汽车公司啦。"

波尔曼顿时展露了笑容，说道："到我的房间来，我们好好讨论这件事。"

一个人可能会同时具有想去相信别人和并不真正相信别人的两种心态。谨慎而顽固的人多持不信任人的态度，并以这种心态来左右自己的行为。他们并不是没有相信人的意念，但他们更具有希望人家能信任他的强烈意念。对于这种人，守先为他们设计一套理由："你这么做，不但对你自己，对他人也是有帮助的。"

譬如,一位销售宝石和毛皮的人员对一个正在犹豫不决的主妇说:"这些东西一定能让你更美,而你的先生也会更喜欢你。"

这句话的含意是说你这么做并非全是为了自己,也是为了你先生。她必定极乐意买下。

"你买了它们之后,若想脱手也能高价卖出。"

加上这句后,对方必定会认为她买下这些东西并非仅为她自己,也是为了家庭。

这种方法并非只适用于商场。日本古代名人丰臣秀吉有一次想没收所有农民的铁制武器,但遭到了农民的激烈反对。因为他们受过太多的欺骗,对那些统治者也早已恨透了,此时若采用强压手段必引起农民的反抗。于是他便灵机一动说:"这次我要用这些没收的武器来制造寺庙里的器具,使民众可以去寺庙参拜。并且为了国家、为了全民,更需要百姓专心于耕作。"于是农民们便都心甘情愿地将武器交了出来。

在被劝说者对你缺乏信任的时候,为了实现自己的既定目标,你必须突出这样的利与得,这是说服对方可以采取的一种策略。

心理胁迫术：刚柔相济，劝诫更有效

张嘉言驻守广州时，沿海一带设有总兵、参将、游击等官职，总兵、参将麾下各有数千名士兵。

参将麾下的士兵每年汛期都要出海巡逻，而总兵麾下的士兵却借口负责海防，从来不远行。等到船只修缮、工兵不出海时，参将麾下的士兵只发给一半的军粮。为了确保修船期军粮充足，参将部下士兵的军粮每天要减少1/3的供给，以贮存起来待修船时再用。可是总兵麾下士兵的军粮却一点也不减，当修船时他们会从民间筹集经费。这种做法已沿袭很久，大家都视为理所应当。

不料，有一天，巡按将此事报告了军门，请求将总兵麾下士兵的军粮供给也减少一些，留待以后修船时再用。恰巧，这位军门和总兵之间有矛盾，于是就仓促同意削减军粮。

总兵麾下官兵听到消息后，立即哗然生变。他们知道张嘉言在朝廷中很有威信，就径直找到张嘉言。

张嘉言，命令手下人传五六个知情者到场，说明事情来龙去脉。士兵们蜂拥而上，张嘉言当即将他们喝下堂去，说："人多嘴杂，一片吵闹声，我怎么能听清你们说些什么！"士兵们这才退下。

当时正下大雨，士兵们的衣服都淋湿了，张嘉言也不顾惜，只是叫这几个人将情况详细说明。这几个人你一言我一语，都说过去从来没有扣减总兵麾下士兵军粮的先例。

张嘉言说:"这件事我也听说了。你们全都不出海巡逻,这也难怪上级会削减你们的军粮。你们要想不减军粮也可以,不过那对你们来说并没有什么好处。上级从今以后会让你们和参将麾下的士兵一样出海巡逻,你们难道能不去吗?如果去了,那么你们也会同他们一样,军粮被减掉一半。如果是这样,你们为什么不听从安排呢?你们再认真考虑一下吧!"

这几个人低着头,一时无法对答,只是一个劲地说:"求老爷转告军门大人,多多体恤。"

张嘉言问:"你们叫什么名字?"

他们都面面相觑不敢回答。

张嘉言顿时骂道:"你们不说姓名,如果军门大人问我'是谁禀告你的',让我怎么回答?"

这几个人只好报了自己的姓名,张嘉言一一记下,然后对他们说:

"你们回去转告各位士兵，这件事我自有处置，劝他们不要闹了。否则，你们几个人的姓名都在我这儿，军门大人一定会将你们全部斩首。"

这几个人顿时吓得大惊失色，连连点头称是，退了出去。

后来，士兵们竟然再也没有闹事的。张嘉言的这招恩威并施堪称经典。

在说服他人的过程中，采用刚柔相济的劝诫之术，一方面能使别人体面地"退"，另一方面又能坚持自己的原则，使自己的主张得到采纳，这种方法为许多事情的处理留有余地。

根据《史记·滑稽传》记载：战国时期，齐威王荒淫无度，不理国政，好为长夜之饮。上行下效，僚属们也全不干正事了，眼看国家就要灭亡。可是大家都不敢去进谏，最后只好由"长不满四尺"的淳于髡出面了。但是淳于髡并没有气势汹汹、单刀直入地对齐威王进行规谏，而是先和他搭讪聊天。

他对齐威王说："咱们齐国有一只大鸟，落在大王的屋顶上已经三年了，可是它既不飞，又不叫，大王您知道是什么原因吗？"

齐威王虽然荒淫好酒，但是他本人却和夏桀、商纣那样的坏到骨子里去的君王有着巨大的不同，所以当听到淳于髡的隐语之后，他被刺痛了并有所醒悟。他回答说："我知道。这只大鸟它不鸣则已,一鸣就要惊人;不飞则已,一飞即将冲天。你就等着看吧!"

说毕,他立即停歌罢舞,戒酒上朝,切实处理政务,严肃吏治,接见县令共72人,赏有功者1人,杀有罪者1人。他随后又领兵出征,打退要来侵犯齐国的各路诸侯,夺回被别国侵占去的所有国土,齐国很快又强盛起来了。

淳于髡并没有以尖锐的语言来进行劝谏,而是避开话锋,柔声细语中又带有一丝强硬与责备,这样对方很容易主动接受建议。

刚柔相济的方法还可以以两人合作的形式来实施。

一位深受喜爱的作家的很多作品都被拍成电影,好多人都曾在影院看过经他的原著改编的影片,影院场场爆满,观众不时为新颖奇妙的故事鼓掌喝彩。影片中最吸引人的是警员审讯犯人的场景:警员声色俱厉地威胁、恐吓犯人,把他逼到山穷水尽的困境,这时又一位陪审的警员出场,他态度十分温和,对罪犯表示信任和理解。

首先罪犯由进攻型的警员来审问,以凌厉的攻势摧毁对方的意志,向他说明警方已掌握了确凿的罪证、他的同伙都招供了等,把他逼到进退两难的边缘。接受了这样的审讯后,有的人会屈服,而顽固的罪犯则会死不认罪。

这种情况下,再派另一位温和型的警员审问他。警员完全站到罪犯的立场上,真心地安慰他、鼓励他,如"你的家人都希望你能得到宽大处理,你要为他们考虑"等。面对这种软招,罪犯往往会自惭形秽,坦白自己的一切犯罪行为。

无论是在影片中还是在现实生活中,使用这种技巧,罪犯十有八九会坦白认罪的。

这是一种奇异的心理学方法,又称"缓解交代法"。由温和型和讲论型的人合作,一方首先把对方逼到心理防线崩溃的境地,这时另一个人再出来给他指出一条路。这种情况下,对方会自然地奔向那条可以脱身的路。

换个角度说话让对方心悦诚服

说服他人做什么事可以根本不用面对面提出你的意愿,也不用说得明白无误,采用一种旁敲侧击的方法有时候更奏效。

公元前636年,在外流浪19年的晋公子重耳,在秦穆公的帮助支持下,就要回国为王了。

渡河之际,壶叔把他们流亡时的旧席破帷当宝贝似的搬上船,一件也不舍得丢掉。重耳一看,哈哈大笑,说自己就要回国为王了,还要这些破烂干什么?他命令将这些东西全部抛弃。狐偃对重耳这种未得富贵先忘贫贱的言行非常反感,担心以后重耳会像抛弃破烂一样,把他们这些陪伴他长期流浪的旧臣也统统抛弃。

于是，他当即向重耳表示，他愿意继续留在秦国，因为在外奔波了19年，自己现在心力交瘁，已经像刚才重耳丢弃的旧席破帷一样无法继续发挥价值，回去也没有什么用处了。

重耳一听便明白了狐偃的意思，马上做了自我批评，并让壶叔把东西一一捡回，表示返回国后，一定不会忘掉狐偃的功劳和苦劳，要狐偃和他同心同德，治理晋国。

在对别人进行劝说时，往往不能直截了当地指出对方的意见和观点是错误的，这时若能旁敲侧击，会更容易被对方所接受。

著名的出版业巨人哈斯特是从创办报纸起家的，经过几年的奋斗，他拥有了23种报纸和12种杂志。一次，这位杰出的人物遇到了一件令人烦恼的事情：著名的漫画家纳斯特为他绘制了一幅令他大失所望的漫画。

哈斯特觉得这样可不行，一定要想办法让他重画一幅令人满意的漫画才行，可是怎样才能让那位著名的漫画家同意不采用最初的作品呢？而且，这样一来，他一定会有受挫感，怎样才能让他愉快地重画呢？

当天晚上，大家一起共进晚

餐的时候，哈斯特故意对那幅失败的作品好好地赞赏了一番，他表示："本地的电车时常让许多小孩子不慎伤亡。有的时候，驾驶电车的司机看上去简直不像活人，倒像个死人。照我自己看来，那些人好像看着孩子们在街上玩耍，却毫无顾忌地冲上前去。"这时，纳斯特激动地一跃而起，惊奇地说道："老天！哈斯特先生，这个场景足以画出一张让人震撼的图画来啊！你把我那张画作废吧，我给你重新画一张更出色的。"就这样，纳斯特异常激动地待在旅馆里，连夜创作漫画，第二天果然就送来了一幅异常深刻的漫画。

精明的哈斯特诱使纳斯特主动提出将自己的画作废，并自愿加班创作一幅新的漫画，是因为哈斯特利用暗示来将看似突发奇想的灵感不着痕迹地移植到了纳斯特的心里，以致纳斯特兴致勃勃地完成了一幅新的杰作。

对于有抵触情绪的人进行正面说服虽然能够表达说服者的诚心，却不能达到解除对方抵触的目的，而如果在形式上加以改变，却能达到正面说服所不能达到的效果。

那是在第二次世界大战末期，美军付出很大代价攻克了太平洋上的一座日占岛屿。最后的十几名日本士兵退到一个山洞里。无论洞外的美军怎么喊话，他们都拒不缴枪，并拼命朝外射击。美军此时真是无可奈何。忽然有位美国兵灵机一动，半开玩笑式地向洞里的日本兵做出一个许诺：如果投降，就让他们去好莱坞一游，看一看演员们的风采。没想到这句话产生了意想不到的效果。枪声停止了，那些刚才还在顽强抵抗的日本兵一个个爬出了洞穴，缴枪投降了。最后，美军司令部为了维护信誉，竟真的安排这些俘虏飞抵好莱坞，大饱眼福了一次。

　　侧面说服并非是歪打正着。二十几岁的日本兵虽被灌输了不少武士道精神，但正当年少，哪个没有自己的梦想和追求？好莱坞是个梦幻的世界，吸引着成千上万世界各地年轻人的心，对于这些无视生命的日本兵来说也有着超凡的魅力。美国人正是利用了他们的这种心态，达到了说服的效果。

　　约翰的公司正值生意兴隆之际，忽然因一件意外的事件濒临破产。约翰回到家中，痛哭流涕，想到这20年的艰难创业即将毁于一旦，他的精神陷入极端绝望的境地。他不吃饭不睡觉，心里满是自杀的念头。妻子琼开始也和约翰一样悲痛欲绝，但她看到约翰的样子，明白该是自己拿出勇气的时候了。她一遍遍地劝慰约翰，说些"忘记这一切，从头干起"的鼓励话，但约翰好像没有听到一样，依然沉湎于绝望之中。琼看到正面的劝慰不能奏效，灵机一动，计上心来，她坐在约翰的身旁大哭了起来，一边哭一边诉说起今后生活的可怕。"你的公司破产了，我们这个家可怎么办，两个孩子的学费怎么筹集，我怎么和孩子们去解释？他们将不能和同学一起去度假。"琼哭得那么伤心，约翰从迷茫的状态下慢慢清醒了过来。他想到自己对妻儿的责任，想到这个灾难也同样降临到了家人身上，立刻收起了悲伤，对琼说："不要难过，我们重新开始。"琼笑了，对约翰说："看来要扮演被安慰者才行。"

关键时刻，琼改变了策略，使约翰重新恢复了勇气。

我国的古人很喜欢采用一种叫"隐语"的手法来表达自己的意见。这种方法非常含蓄，给人一种优美、曲折的感觉。通常是借别的词语或手势动作做出暗示，让对方猜测。巧妙使用隐语不仅可以把话讲得生动、脱俗，而且容易引起对方的注意和兴趣。

周武王灭殷商，入商都朝歌。武王听说殷有位德高望重的长者，于是前去面见，询问殷朝灭亡的原因。

殷长者对武王说："您想知道这个答案，我们改日再谈。"约定的日期到了，可是殷长者没有前来赴约。武王感觉很奇怪。周公说："我已经知道了。此人是个君子，不愿指责自己的君王，但不能明言。至于他约而不到，言而无信，实际上暗示了殷商灭亡的原因。他是在用隐语来回答我们的问题啊。"

齐景公伐鲁，接近许城时，找到一个叫东门无泽的人。齐景公问他："鲁国的年成如何？"东门无泽回答说："背阴的地方冰凝到底，朝阳的地方冰厚五寸。"齐景公不明白，把这事告诉了晏子。晏子回答说："这是一位有知识的人，您问年成，而他以冰作答，这是合于礼的。背阴地方的冰凝到底，朝阳地方冰结五寸，这表明节气正常，节气正常意味着政治平和，政治平和就上下团结，上下团结年成自然好。您攻打一个粮食充足、上下一心的国家，恐怕会把齐国百姓弄得很疲惫，会死伤不少战士，结局恐怕不会如您的愿。请对鲁国以礼相待，平息他们对我国的怨恨，遣返他们的俘虏，来表明我们的好意吧。"齐景公说："好！"于是他决定不再伐鲁。

使用隐语需要对方有一定的领悟能力，否则也达不到预期的效果。因此，我们在对对方进行旁敲侧击的同时，必须考虑到对方的心理和立场。

获取认同感，轻松提请求

要想让别人认同自己的话，就要时刻关心对方的需要，并且想方设法地满足对方的这种需要。只有立足于对方的需要，才能说出获得对方认同的话。

假如你丢了钱包，身无分文，需要向路人求助，很容易想象他们脸上惊讶、害怕甚至有点怀疑的表情。所以，如果要获得他人的帮助，必须得获得他人的认同。

亨廷顿曾指出，不同民族的人们常会列举对他们来说最有意义的事物来回答"我们是谁"，即用"祖先、宗教、语言、历史、价值、习俗和体制来界定自己"，并以某种象征物作为标志来表示自己的文化认同。在这里，认同不仅仅指文化和民族方面的认同，更重要的是信任感的认同。如果他人对你连起码的了解和信任都没有，又怎么会帮助你呢？

战国时，水工郑国受韩国派遣，到秦国探听情报，不料被秦国逮捕，准备处置。行刑前，郑国要求参见秦王嬴政。他身戴重镣，被带到秦廷。秦王嬴政喝问："奸细郑国，你承认有罪吗？"郑国说："是的，我的确是韩国派来的奸细。我建议您兴修水利，确实是为了消耗秦国的民力，延缓韩国被吞并的时间。然而兴修水利难道不是对秦国万分有利的事吗？"秦王嬴政想了想，觉得此言确实有理。郑国又说："现在，

关中水利工程即将竣工，何不让我将它完成，以造福万民呢？"秦王嬴政沉吟半晌，终于同意了他的要求。在郑国主持下，一项伟大的水利工程郑国渠终于完成了。

秦王嬴政的残暴是闻名于世的，想在他的刀下活命都不容易，更何况得到他的支持？但由于郑国抓准了嬴政的心理，取得了他的认同，终于打动了他的心，不仅保住了性命，还得以完成了一项伟大工程。

信任是认同的基础。如何获得他人的信任和认同呢？以下几点可供借鉴：

必须注意自我修养，善于自我克制；做事必须诚恳认真，建立起良好的声誉；应该设法改正自己的缺点；要做到言出必有信，与人交易时必须诚实无欺，这是获得他人信任的最重要条件。

勤奋刻苦，脚踏实地。夸夸其谈的人给人以不安全感，说得好不如做得好。时间一长，你的浮夸将被人看穿，恐怕肯向你伸出援助之手的人也就敬而远之了。

很多人能获得成功靠的就是获得他人的信任。今天，仍然有许多人对于获得他人的信任一事、不以为然，不肯在这一方面花些心血和精力。这种人可能用不了多久就会失败。

要获得他人的信任，除了要有正直诚实的品格外，还要有良好的做事习惯。即使是一个资质颇佳的人，如果做事优柔寡断、头脑不清，缺乏敏捷的思维和果断的决策能力，那么他的信用仍然维持不住。一个人一旦失信于人，别人就再也不愿意和他交往或有贸易往来了。

人类仿佛有一种共同的心理，那就是如果别人能让我们感到高兴喜悦，即使他所求的事情与我们的心愿稍有相悖也不会介意。求人帮助时，你要学会针对别人感情的弱点，与别人产生共鸣，只有这样，你的求助才能达到预期的结果。其实某一件事情，能做的人是很多的，但有些智商水平很高的人往往做不了，原因在于他们过于相信自己的智力，而忽略了对方的感情。

获得他人的信任，是求人帮助时必不可少的。要想做到这一点，首先一条就是要有一种令人满意的态度，脸上带着笑容，如果别人无法从你的脸上看不到任何善意和愉悦，那么他是不会对你产生好感的。

第二章
完美笑话公式：把对方逗笑，就没有办不成的事

善用幽默，走到哪里你都是焦点

拥有好人缘，未必要比他人多付出多少艰辛。好人缘是在日常生活中通过各种方式不断沉淀和积累而来的，适当的幽默是让自己获得好人缘的有效手段之一。

幽默是人的天性，没有人不向往愉悦的生活。当遇到不如意时，会调侃的人更懂得如何调剂。当受到不公平待遇时，他们即使心情郁闷到极点，也会通过独有的幽默的语言给人传递快乐的信息。这样的人对生活充满激情，浑身上下洋溢着一种能使人愉悦的气息。

在机关单位上班的老陈人缘极好，单位中无论是领导还是同事，只要提到老陈，没有人会说他不好。

老陈是个大胖子，行动不便，可是他从未因为胖而自卑。一次，办公室的同事们趁午休的空当闲聊，说到了

"胖"这个话题。性格开朗的老陈对同事们说:"你们信不信,其实我是个极具亲和力的男人。在公交车上,我让出的位置完全可以让两位老人或三位身材苗条的女士坐下。"老陈的一席话博得在座的同事哈哈大笑,表现出他非凡的亲和力。老陈的谈吐给同事们带来了轻松感,使交谈的氛围更加和谐融洽。

其实,适当的幽默不但能在日常社交中起着催化剂的作用,让你获得好人缘,还能让你获得意想不到的收获呢!

紫欣是个挑剔而又感性的女孩,大学毕业后交过几个男朋友,结果都无疾而终,这令家人和朋友都很不理解。在众人的期盼之下,紫欣终于宣布了自己即将结婚的消息!

结婚那天,紫欣的好多亲友都来了,看着她幸福的样子,好朋友们禁不住问她:"你丈夫到底有什么好,能让你义无反顾地选择了他?"因为朋友们都知道,紫欣的丈夫并不是她众多追求者中的佼佼者,他既不是最帅的,也不是最有能力的,而紫欣却毅然地接受了他的求婚。紫欣嫣然一笑,说道:"其实没有什么特别的,只是和他在一起我觉得很快乐,无论遇到什么情况,他都能用他那恰到好处的幽默来逗我笑!"

原来如此。新郎以幽默赢得美人的芳心。

幽默可以为我们带来正面效应,但我们不要就此认为所有是幽默都会收到理想的效果。适当的幽默的确可以为平淡的生活带来一份美意,一丝涟漪,让生活变得不无聊。但是，幽默千万不能过度使用，肆无忌惮的幽默会让别人觉得自己是在被人拿来开涮，会让人产生误会，更别说获得对方的好感和认可了。

所以，要掌握好幽默的度。幽默要分时间、场合，最重要的是要注意说话的对象，说话要分轻重，这样才能避免幽默使用不当而引发的不快。

多点幽默，让话语生动有趣

幽默是运用意味深长的诙谐语言抒发情感、传递信息，以引起听众的兴趣，从而感化听众、启迪听众的一种艺术手法。如果我们的言语中能多点幽默，那么我们所说的话将会更加有趣，会吸引更多的人。

一位著名的作家曾经说过：生活中没有哲学还可以活下去，然而没有幽默的话，恐怕只有愚蠢的人才能生存。幽默是一个人的各种学识、才华、智慧在语言中的集中闪现，是对社会上种种不协调、不合理的荒谬、偏颇、矛盾实质的揭示和对某些反常规言行的描述。幽默的语言可以使我们内心的紧张和压力释放出来，化作轻松的一笑。在沟通中，幽默的语言如同润滑剂，可有效地降低人与人之间的"摩擦系数"，化解冲突和矛盾，并能使我们从容地摆脱沟通中可能遇到的困境。

有一对夫妇带着一个六岁的孩子去租房，他们看中了一套

房子，可房东不肯将房子租给他们。原因是她喜欢安静，从不将房子租给有孩子的人。夫妇交涉无果，于是六岁的孩子对房东说："您可将房子租给我呀，我没有孩子，只有爸爸妈妈。"房东真的把房子租给了他们。孩子从成人的视角看问题，采用了独特的思维方式，让人感受到一种自然天成的天真情趣。

由此看来，幽默不是故作天真，而是从多重视角考查事件或问题，并找出其中富有情趣的一面，对其进行适当的语言处理，从而化紧张、严肃为轻松、谐趣。幽默是人们适应环境的工具，是人们面临困境时减轻精神压力和心理压力的方法之一。契诃夫说过："不懂得开玩笑的人，是没有希望的人。"可见，生活中每个人都应当学会幽默。多一点幽默感，就会少一点气急败坏，少一点偏执极端。

幽默可以淡化人的消极情绪，消除沮丧与痛苦。具有幽默感的人，其生活充满情趣，许多看来令人痛苦烦恼的事，他们都能应付得轻松自如。用幽默来处理烦恼与矛盾，会使人感到和谐愉快，友好幸福。那么，怎样使语言富有幽默感呢？不妨试试以下几种方法：

1. 颠倒成趣

把正常的人物关系、动机或效果在一定条件下互换位置。

曾风靡一时的舞蹈家邓肯写信向幽默大师萧伯纳求爱，她在信中说："如果我俩结合，生下的孩子既有我美丽的外表，又有你睿智的头脑，这该多妙呀！"萧伯纳却风趣地回信说："如果孩子的外表像我，头脑却像你，那该有多糟啊！"

2. 移花接木

把在某种场合下十分恰当的情节或语言，移植到另一迥然不同的场合中，达到张冠李戴、"荒唐可笑"的幽默效果。

生物学家格瓦列夫有一次讲课时，一位学生突然学起鸡叫，引起一阵哄笑。格瓦列夫却不动声色地看了下自己的挂表说："我这只表误时了，没想到现在已是凌晨。不过，请同学们相信我的话，公鸡报晓是低等动物的一种本能。"

3. 故意卖关子

首先故意提出一个容易使人产生误解的结论，然后再做出出人意料的分析和解释。

作家柯南·道尔在罗马时,一次乘坐出租车去旅馆,途中与司机聊了起来。司机问:"你是柯南·道尔先生吗?"

"你怎么知道我的名字?"柯南·道尔奇怪地问道。

"啊,简单得很,你是在罗马车站上车的,你的穿着是英国式的,从你的口袋里露出一本侦探小说来。"

"太了不起了!"柯南·道尔叫起来,他很惊奇在罗马会碰到第二个"福尔摩斯"。他习惯性地问一句:"你还看到其他什么痕迹没有?"

"没有,没有别的,除了在你皮箱上我还看到你的名字外。"

可见,司机故意卖关子,让柯南·道尔误以为他是第二个"福尔摩斯"。然后,司机进行了令人再出乎意料的解释,形成强烈的幽默感。

4. 巧设悬念

当你叙述某件趣事的时候,不要急于揭示结果,应当沉住气,给听众营造一种悬念。假如你迫不及待地把结果讲出来,或通过表情动作的变化透露出来,幽默感便会大打折扣,只能让人感到扫兴。

美国有个倒卖香烟的商人到法国做生意。一天,他在巴黎的一个集市上大谈抽烟的好处。突然,从听众中走出一位老人,他径自走到台前,那位商人吃了一惊。

老人在台上站定后,便大声说道:"女士们,先生们,对于抽烟的好处,除了这位先生讲的以外,还有三个呢!"

美国商人一听这话,连连向老人道谢:"谢谢您了,先生,看您相貌不凡,肯定是位学识渊博的老人,请你把抽烟的三大好处当众讲讲吧!"

老人微微一笑,说道:"第一,狗害怕抽烟的人,一见就逃。"台下听众一阵轰动,商人不由得心里暗暗高兴。

"第二,小偷不敢偷抽烟者的东西。"台下听众连连称奇,商人更加高兴。

"第三,抽烟的人永不老。"台下听众惊诧不已,商人更加喜不自禁。接着,听众中要求他解释的声音一浪高过一浪。

老人把手一摆,说道:"请安静,我给大家解释!"

商人格外兴奋地催促老人快说:"老先生,请您快讲!"

"第一,抽烟之人驼背的多,狗一见到他认为是在弯腰拾石头打它,能不害怕吗?"台下听众笑出了声,商人心里一惊。

"第二,抽烟的人夜里爱咳嗽,小偷以为他没睡着,所以不敢去偷。"台下听众一阵大笑,商人大汗直流。

"第三,抽烟人短命,所以没有机会衰老。"台下听众哄堂大笑。此时,大家发现商人不知什么时候溜走了。

这则幽默故事一波三折,层层推进。老人在把听众的胃口吊得足够高时,才不慌不忙地把真实意思表达出来,这就是巧设悬念的魅力。

在与别人交往时难免会发生一些不必要的摩擦。如果此时从容地开个玩笑，紧张的气氛就能得到缓解，而且对方还会被你的魅力所吸引，被你的宽广胸怀所感动，最后真心实意地接受你。

幽默是一种智慧的表现，它必须建立在拥有丰富知识的基础上。一个人只有具备审时度势的能力、广博的知识，才能做到谈吐幽默，妙言成趣。因此，要培养幽默感必须不断充实自我，不断从浩如烟海的书籍中汲取幽默的智慧。

将幽默融入意见中去

想要向别人表达不满或者其他意见却又不想直接说时，我们可以将幽默融入意见中，这样既不伤人，又能达到预期的目的。

工作和生活中经常会出现一些让人不能认同的做法，如果理直气壮地说出自己的想法，甚至略带指责的语气，那么对方不仅无法心悦诚服地接受你的意见，还会认为你是个自大狂。此时不妨换个方式提意见，将幽默融入你的意见之中。

当遇到令人不痛快的事情时，利用幽默来表达自己的意见，双方相互一笑，事情也就过去了。

杨小姐是一家餐厅的服务员，时常遭遇客人的刁难。一天，餐厅来了一位喜欢挑剔的女士，点了一份煎鸡蛋，正好是杨小姐接待的。女士对杨小姐说："我要的煎鸡蛋和别人的不一样，蛋白要全熟，但是蛋黄要生的。放少许盐，放少许胡椒粉。最重要的是，鸡蛋一定要是乡下散养的柴母鸡刚刚下的新鲜鸡蛋！"

杨小姐听过她的诸多要求后，气得不行，但是她没有用不满的语气提出意见，而是出乎意料地说："您提出的这些要求我都记下了，但是对于您所要求的那只下蛋的母鸡我还要确认一下，它的名字叫小美，您看合适吗？"

故事中，杨小姐没有直接表达她对这位挑剔女士所提的苛刻要求的不满，而是顺着对方的思路，提出了一个更不符合逻辑的可笑问题来提醒对方：她的要求实在是过分，根本无法满足。

杨小姐所说出的任何一个字都没有伤及对方，这样不但提出了意见，而且也维护了那位女顾客的自尊。试想，在这种情况下，那位挑剔的女士还会因为对母鸡的名字不满而继续挑剔吗？

婉言表述成幽默

有些事直接发表自己的见解不太合适，容易让人误解或不愉快，婉言表述是很好的方法，而这种婉言表述不同于委婉修辞的方法，它是一种幽默的语言艺术。

王麻子是个极爱占小便宜的人，常常在别人家白吃白喝，吃完了上顿等下顿，住了两天住三天。一次，他在一位朋友家里吃了三天后，问主人道："今天弄什么好吃的呀？"

主人想了想，说："今天我们弄麻雀肉吃吧！"

"哪来那么多麻雀肉呢？"

主人说："先撒些稻谷在晾晒场上，趁麻雀来吃时，就让牛拉着石磨一碾，不就得了吗？"

这个爱占便宜的人连连摇手说："这个办法不行，这样还不等石磨过来，麻雀早就飞跑了。"

主人一语双关地说："麻雀是占惯了便宜的，只要有好吃的，怎么碾（撵）也碾（撵）不走。"

在此，婉言表述的幽默法是指说话人故意把所要表达的本意绕个圈子说出来，利用婉言来获得幽默效果。

克诺先生来到一个陌生的城市后，走进一家小旅馆，他想在那儿过夜。

"一个单间外加供应早餐要多少钱？"他问旅馆老板。

"不同房间有不同的价格，二楼房间15马克一天，三楼房间12马克一天，四楼10马克，五楼只要7马克。"

克诺先生考虑了几分钟,然后提起箱子就走。

"您觉得价格太高了吗?"老板问。

"不,"克诺回答,"是您的房子还不够高。"

一般说来,使用幽默应避免敌意和冲突。从这个意义上讲,婉言表述是最合理的幽默法。

一个法国出版商想得到著名作家的赞扬,借以抬高自己的身价。他想,要得到一个大人物的好感,必须先赞扬他。

这天,他去拜访一位知名作家。他看到作家的书桌上正摊着一篇评论巴尔扎克小说的文章,便说:"啊,先生,您又在评论巴尔扎克了。的确,多少年来,真正懂得巴尔扎克作品的人太少了,算来算去,也只有两个。"

作家一听就明白了出版商的意图,便让他继续说下去。"这两个人,其中一个是您了。可是另外一个,您说,他应当是谁?"

作家说:"那当然是巴尔扎克自己了。"

出版商顿时像泄了气的皮球,悻悻地走了。

出版商想求得知名作家的赞扬,故意登门拜访。作家呢,不好直接拒绝,就来了个婉言推脱。出版商把世间懂巴尔扎克作品的人说成只有两个:一个,他自然要说成是作家了;另一个,他是给自己预备的。但自己说出来,那太没涵养,况且自己认可的东西并不一定能得到作家的赞同,还是启发作家说出来吧。由此,出版商一直沿着自己的设计和思路,怀着一个目的——他期待着作家的赞扬,让作家指出他是懂巴尔扎克作品的人。

作家并不回绝对方的话,因为那太扫人兴了。但是他有意漠视对方的"话外音",一句答话,让对方的期待化为泡影。作家回答的是,另一个懂巴尔扎克的人是巴尔扎克自己,于是对方没戏唱了,只好散场。

凡有大成就者,向来都是说话的专家,他们在待人接物上有着独到的迂回之术,他们能够在让人发笑的言语中不知不觉加入自己的观点。

著名的法国钢琴家乌尔蒙年轻时有一天弹奏拉威尔的名曲《悼念公主的孔雀舞曲》,因为节奏太慢,正在听他弹奏的拉威尔忍不住对他说:"孩子,你要注意,死的是公主,而不是孔雀。"

在这里,拉威尔将公主与孔雀这两种原来互不相干的事物联系起来,使人们产生惊奇之感,并在笑声中意会到拉威尔话语的真正含义。

拉威尔针对乌尔蒙演奏节奏太慢的问题,并不是采取直接批评的方式,而是采用婉转的暗示:"死的是公主,而不是孔雀。"这样,演奏者首先得回味一下,拉威尔的话到底是什么意思?弄清楚了,便意识到自己处理作品中的失误。应该加快速度,快到什么程度呢?拉威尔的话给了提示,是孔雀舞曲。演奏者的脑海中定会浮现出美丽的孔雀翩翩起舞的英姿。拉威尔的旁敲侧击，使乌尔蒙明白了自己的毛病所在。

一群人围在伦敦白厅前，中间躺着一个小男孩，蜷缩在地，痛苦地呻吟着。原来他吞了一枚10英镑的硬币到肚里。围观的人眼看孩子痛得不行了，都不知如何处置。这时，从人群中走出一位先生，他走到小孩身边，抓住小孩的腿，把他倒提起来，猛力地摇晃了几下，只听到"呼"的一声，那枚硬币从小孩子的嘴里喷了出来。围观的人舒了一口气。

一位旁观者问那位先生："你是医生吗？"

"不！"那人回答，"我在税务局工作，叫花子见到我都逃。"

幽默是一种高超的语言艺术，这种艺术是在婉言曲说中产生的。说话直的人不可能创造出幽默来。按部就班，一是一，二是二，实说实，虚说虚，没有任何的发挥就不可能碰撞出幽默的火花。

第三章

好心情原理：时机对了，怎么说都不重要

会听话，更要会适时说话

在工作中，常常会看到这样的下属，他们从不主动和领导交谈，只是在领导安排工作时和领导说两句，这样的人虽然能够很好地完成工作，但是他们可能并不受领导重视。

下属在与领导沟通时，成为良好的倾听者是十分重要的，但是更重要的是学会在合适的时机说话，因为领导需要的不是自言自语，而是和人交流，他们想要听到下属的反馈和建议。

所以作为下属，我们除了要认真倾听领导的话之外，更要在领导需要时适时地说话，这样才能得到领导的信任。

安陵君是战国时期一个非常受楚王宠爱的大臣，他位高权重，享尽了荣华富贵，其他的大臣无不对他敬佩有加，对此安陵君感到十分高兴，但是他的朋友江乙却觉得安陵君现在荣华富贵，都是楚王给予的，所以安陵君必须巩固住自己在楚王心

中的地位，否则要是有一天楚王不再宠爱他了，那么他就什么都没有了。于是江乙对安陵君说："您看，虽然现在您享受着荣华富贵，国人都对您跪拜行礼，听从您的号令，但是这些都是楚王给您的。同样地，楚王总有不再宠爱您的时候，那时您要怎么办呢？"

　　听了江乙的话，安陵君也想到了自己的地位可能有所不保，于是他请教江乙该怎么办。江乙告诉他说："只要告诉大王您愿意和他同生共死就可以了。"安陵君欣然接受了江乙的意见，但是过了三年的时间，安陵君始终没有向楚王进言。江乙十分不高兴，他质问安陵君是不是不相信自己说的话，安陵君解释说不是他不相信江乙，而是说话的时机还没有到。

　　就这样又过了一段时间，这一天楚王带着众大臣到云梦泽去打猎，其间一头野牛冲着楚王狂奔而来，结果被楚王一箭射死了，对于楚王精准的剑法，随侍的大臣和护卫们都齐声称赞。

楚王自己也十分高兴，他感叹道说："今天的游猎让我非常愉快啊，但是等到我死去后，谁还能和我一起享受像今天这样的快乐呢？"

群臣一时不知该如何应对，安陵君知道他说话的时机到来了，于是他痛哭流涕地来到楚王的面前说："大王一直厚待我，允许我和您坐在一起，乘坐同一辆马车，大王对我的恩惠太多了，等到大王去世之后，我愿意和大王一起奔赴黄泉，为大王鞍前马后。"

听了安陵君的话，楚王感动不已，他立即封赏了安陵君，从此安陵君的地位再无人能撼动了。

世人在谈论这件事时都对江乙的才智大加赞赏，但是更加钦佩安陵君把握时机的能力。

孔子在《论语·季氏》里说："言未及之而言谓之躁，言及之而不言谓之隐，不见颜色而言谓之瞽。"这句话的意思是：不该说话的时候说了，叫作急躁；应该说话的时候却不说，叫作隐瞒；不看对方的脸色变化，贸然信口开河，叫作闭着眼睛瞎说。

这三种情况都是没有把握说话的时机，没有注意说话的策略和技巧。因为说话是双方的交流，不是一个人的单方面行为，它要受到诸如说话对象、周边环境等种种限制，所以说话要把握时机。如果该说的时候不说,时机转瞬即逝,很快便会失去成功的机会。同样,如果不顾说话对象的心态,不注意周边的环境气氛,不到说话的时候却急于抢着说,很可能会引起对方的误解甚至反感。如果信口开河,乱说一通,后果就更加严重。

作为下属除了具备一定的才能,会听领导的话之外,更要具有能够在适当的时机说话的能力。有些事情虽然我们想要和领导说,但是我们首先要做好和领导谈话的准备,把所有领导可能提出的问题都列出来,不要在和领导交谈时语意不明、表述不清或者逻辑混乱。

然后我们要了解领导的性格喜好,找到能够投其所好的说话方式,用自己真诚的态度去打动领导。

当时机成熟时,不要犹豫,一定要及时和领导沟通,不要错失良机。这时我们要记住,不要在领导面前夸夸其谈、弄虚作假。同时,当领导的观点和自己的想法相冲突时,不要正面冲撞领导,要学会用委婉的方式表达自己的意愿,避免在交谈中得意忘形。

还要记得不要因为害怕承担责任而在和领导交谈时总是强调某些事情和自己无关,这会让领导觉得你是一个没有担当的人,这些言语会招来领导的反感和厌恶。

在工作中,我们不但要做到该听的时候听,还要做到该说的时候说,只有这样我们才能得到领导的信任,在事业上更上一层楼。

看准领导情绪，把握时机说对话

我们去商店买东西时会了解到营业员的推销方法。好的营业员不是一开始就对谁都热情，他会抓住你对商品表现出喜爱之情的时候向你推销。例如"这件衣服跟您的蓝色裙子很配，您穿上更显得皮肤白皙了"。这时候心花怒放的顾客多半会爽快地买下商品。

同样，和领导说话时，下属的位置无异于商品推销员，只不过我们向领导推销的是我们的想法和理念。看准领导的情绪再适时说话，是向领导成功推销的主要秘诀之一。

刚毕业的高明怀着满腔热忱进入了现在的公司，他不仅天生好学，而且作为新人热情高涨，想尽快在工作中做出一番成绩，所以他每天都向领导请教，不仅请教自己的项目组长，而且常常直接去问部门经理。大家看见这个新人如此上进，都愿意毫无保留地教给他各种工作技巧。

这一天，项目组长张大姐正在上小学的儿子病了，接到班主任的电话，张大姐急坏了，跟领导请了假，正收拾背包打算去学校接儿子去医院。碰巧高明有一张图纸看不懂，而这张图纸是张大姐画的，一定要请教她才行。

高明赶紧拦住了行色匆匆的张大姐："张姐，这个图例是什么意思啊？我半天都没看懂。"

张大姐头也没顾得上抬，说："小高，我得赶紧去孩子学校一趟，等我回来告诉你啊。"

高明却仿佛没看出来张大姐着急的样子，仍旧紧跟了上去："不行啊，您看这都3点了，等您回来都下班了，就一个小图例，您就现在告诉我吧。"

"你这孩子，真是的！"张大姐丢下这一句话，头也不回地走了。

高明还摸不到头脑。这时他决定直接去问经理，走到经理办公室门口却正好听见经理在发火："这么简单的一个报告，居然有六处错误，还有一个错别字，你的四年大学就是这样读的

日 SUN	一 MON	二 TUE	三 WED	四 THU	五 FRI	六 SAT
⛅	☁	☀	⛅	⚡	⚡	🌧

吗?"随后,他看见一位女同事脸色难看地抱着文件走出来。

高明紧跟着就进去了,把图纸往经理办公桌上一摊,指着图纸问:"经理,您看,这个图例是什么意思?"

正在气头上的经理没好气地说:"学校制图课上没学过吗?回去看教材!"

不明所以的高明只好灰溜溜地出来了,他问坐在身边的一位老同事:"今天领导们都是怎么了?"

老同事意味深长地说:"小高,先放下手中的图纸,好好学习一下怎么选择合适的时间跟领导说话吧。"

高明之所以接连在两位领导那里碰了钉子,原因就在于他没有找准和领导说话的时机,说的又都是当时领导不想听的话。我们可以想象,在张大姐那里,接孩子看病比指导高明看图纸重要而且紧急;在经理那里,正为错误百出的报告发火的他当然也没有心情指导高明图例的小问题,况且上一位挨批评的同事刚刚被经理认为在学校没有好好学习,高明无论如何此时都不应该拿着书本上最基础的问题去问经理,正可谓是撞在枪口上了。

那么我们如何才能找准合适的时机和领导说话,做一名识趣的下属呢?

首先,在说话之前,要注意观察领导。正常情况下,领导的脸色既不会太阴沉也不会太高兴,而是面色平静,正在有条不紊地做自己的工作。同时还要注意观察环境,看是否有客人在领导的办公室里，是否有紧急情况需要领导去处理，要先确定当时领导有时间、有精力和你谈话，然后再敲门进入领导的办公室。

其次，如果进入领导办公室后才发现领导情绪不好，也不要急于退出来，可以先给领导倒一杯茶。如果是平日里关系不错的领导还可以适当安慰几句。如得知了领导情绪不好的原因，可以尽量帮助领导解决问题。

当然，揣摩领导情绪，找准时机，挑领导感兴趣的事情说，并不等同于整天察言观色、逢迎拍马，而是要在工作中掌握一种和领导交往的方法，看准领导情绪，把握好时机，说对话。

话不投机，赶紧转弯

下属在与领导谈话时，由于话题的不确定性，很有可能从一个话题又转入另一个话题。谁也不会想到，谈着谈着，就与当时的气氛格格不入，这时也应及时"转弯"。即出现和领导话不投机的情况时，要学会及时转换话题，避免双方陷入尴尬之中。

话不投机有多种情况，在和领导沟通时尤其要注意这些情况，我们要及早预防，以保证和领导的沟通能顺畅地进行下去。

其一，某种言谈使领导感到为难，那就要及时转换话题，调整气氛。

两个下属去领导家里做客，在谈话中提到：

"经理，听说您的夫人是位优秀的职业培训师，改天让她去给我们公司做一场培训讲座吧？"

经理为难地沉默了片刻，说："那是我以前的爱人，前不久分手了。"

"哦？对不起，经理……"

"没什么，喝点水吧。"

"经理，我们公司这回的活动，您看这样宣传……"

这样转换话题，特别是提出领导很愿意谈的话题，就会使谈话很快恢复正常，使气氛活跃起来。

其二是和领导意见对立，谈不拢，但问题还要解决，不能回避，在这种话不投机的情况下就需要绕路引导。

其三是在说话过程中，当领导有意无意地触到我们的隐私、忌讳或者我们不愿回答的问题时，如果一时没有好办法应答，那么就干脆避而不答，沉默不语，或者转移话题，使在场者的注意力从自己身上挪开。领导见你对其所提问题不予回答，在尴尬的同时会很快意识到自己的失言，从而不会再追问。

某单位一女领导结婚，在单位散发喜糖，刚巧该单位有一位尚未谈到对象的大龄女下属。大家吃着糖，突然这位女领导笑着对那位女下属说："喂，什么时候吃你的喜糖？"大家都望着那位女下属。那位女下属脸微微一红，把眼光停留在女领导的身上，然后指着那位女领导身上那件款式新颖的上衣问："咦？领导，您这件上衣真好看，什么时候买的？在哪个商店买的？"

女领导被她转换了话题，两个人便兴致勃勃地谈起了那件衣服。

面对不愿回答的问题，这位女下属很聪明地把话题转移到领导的衣服上，借以回避对方询问的私人问题。女领导听到下属这样的回答，自然知道她不愿意当众说这件事情，因而也就不会再往下问了。

和领导说话出现话不投机的情况，有的时候是由领导造成的，有的时候是自己造成的，但无论起因于谁，你都应该主动转移话题，使双方快速从尴尬中摆脱出来，这样才能保证你和领导之间的沟通得以继续进行下去。

切合时机，说出恰当的话

子禽曾经向墨子请教："多说话有好处吗？"墨子答道："青蛙白天黑夜叫个不停，叫得口干舌疲，可是没有人去听它们的。你看那雄鸡，在黎明准时啼叫，天下震动，人们早早起身。多说话有什么好处呢？重要的是话要说得切合时机。"

"多言何益，唯其言者之时也。"墨子告诫我们，多说无益，重要的是说话要切合时机。与领导说话尤其要注意这一点。通常情况下，领导不会直接说出自己的意图，但又十分希望自己的下属能够认清形势的变化，通过对形势的判断理解他隐含的意图，说出他想听的话。

因此，作为一个聪明的下属，要摸清领导的做事方法与技巧，在具体事务中通过察言观色猜测领导的意图，选择在合适的时机说出适宜的话。

大明房地产公司在市郊投资了一块地皮，正准备建造一批商品房，由于刚交付了一大笔土地使用费，再加上办理各种手续的费用，公司流动资金便有些紧张。小道消息传出后，承包商怕投资的钱打水漂，纷纷来公司索要欠款。

这一天，建筑承包商王某来公司见老板，希望把上期的60万欠款结清。老板很为难，他知道，欠债还钱，天经地义，公司也有能力拿出60万还款。但是最近用钱的地方太多了，给他60万以后，如果别的地方再用钱公司就比较紧张了。而且二期工程马上要开工，公司还希望继续做下来。不过假如一分钱不拿的话，承包商们肯定人心惶惶，公司的损失将来不可预计，但这些都不便直接向承包商透露。

于是，老板将公司会计小刘叫进来，问："目前公司账上还有多少钱？看看有没有60万余款拿出给王总。"

小刘心里知道，老板不可能对公司的账目一无所知，叫自己进来是因为承包商要账，其实老板既不想让承包商以为自己的财务紧张，又不想把所有的款放出去。

小刘考虑了一下工程的进度和财务的进账出账情况，说："老板，目前账上还有几百万元的资金，但是土地开发的费用在今天下午需要交到土地管理局，另外还需要缴纳税金，今天只能拿出30万现款，不过，等下期工程完成后，房子卖出去，就会有一笔款入账。"

老板听完后很不好意思地跟王某说："王总，您一向了解，开工前公司的资金总是周转不开，小刘会计的话您听到了，这样，今天先还给您30万，等工程完工，肯定少不了您的钱，行吗？"

王某想想，情况确实如此，并且欠款已经拿到一半，便也无话可说，告辞离开。老板借会计小刘之语顺利解决困难，达到了自己的目的。等承包商走后，老板对小刘的随机应变称赞有加。

在上面的例子中，如果小刘直接说有几百万流动资金，可以给承包商结清欠款,那么老板就难做了。如果结清了,后期资金也很容易出现问题。如果不结清,承包商肯定不会罢休。小刘通过察言观色明白了领导的心思,顺应老板的意图,说出了领导想说的话。

其实,小刘面临的情况在公司里时常会有发生,这个时候,作为下属的你如若能和领导很默契地配合,为其排忧解难,定会赢得领导的信任和赞赏。

和领导说话讲究的是一个时机的问题。俗话说,天时不如地利,地利不如人和。说话做事的时机对于结果往往起关键性的影响作用。如果你切入的时机合适,可能会事半功倍。如果你选择的时机不成熟或时机不对,往往不会有效果,更有甚者,则会收到与预期相反的效果。

第四章

欲扬先抑定律：批评有套路，对事不对人

批评别人时要给对方台阶下

在你批评别人的时候，对方可能会下不来台。如果你能巧妙地给对方台阶下，就可以让对方挽回面子，缓和紧张的气氛，使事情能顺利进行。要达到这样的目的，就应该学会使用下列的技巧，在批评别人时给对方台阶下。

1. 给对方寻找一个出于善意的动机

装作不理解对方的尴尬举动，故意给对方找一个出于善意的行为动机，给对方留一个台阶下。

有一位老师曾经讲过这样一个故事：

一天中午，他路过学校后操场时，发现前两天帮忙搬运实验器材的几位同学正拿着一个实验室特有的凸透镜在阳光下做"聚焦"实验。当时那位老师就想：他们哪儿来的透镜？难道是在搬器材时趁人不备拿了一个？实验室正丢了一枚。是上去

问个究竟还是视而不见绕道而去？为难之时，同学们发现了那位老师，从同学们慌张的神情中老师肯定了自己的判断。当时的空气就像凝固了似的，但是这位老师很快想出了一条妙计，他笑着说："哟，这透镜找到了！谢谢你们！昨天我到实验室准备做实验，发现少了一个透镜，我想大概是搬器材过程中丢失了，我沿途找了好几遍都未能找到，谢谢你们帮我找到了这个透镜。这样吧，你们继续实验，下午还给我也不迟。"同学们点了点头，尴尬就这样被轻松化解了。

  这位老师采用了故意曲解的方法，装作不懂学生的真实意图，说是他们帮助自己找到了透镜，将责怪化成了感激，自然令学生在摆脱尴尬的同时羞愧不已。

2. 委"过"于不在现场的第三者

故意将对方的责任归于不在现场的他人，主动地为对方寻找遮掩不妥行为的借口。

一位女顾客在某商场为丈夫购买了一套西服，丈夫穿了几天后，感觉不大喜欢这种颜色。于是，她急忙将西服包好，干洗后拿到商场去退货。面对服务员，她说那件衣服绝对没穿过。

服务员检查衣服时，发现了衣服有干洗的痕迹。机敏的服务员并没有当场找出证据来拆穿她，因为服务员知道一旦那样做，顾客会为了保住自己的面子而死不承认的。这位服务员就为顾客找了一个台阶。她微笑着说："夫人，我想是不是您家的哪位搞错了，把衣服送到洗衣店去了？我家前不久也发生过这类事，我把新买的衣服和其他衣服放在一起，结果我丈夫把新衣服送去洗了。我想，您是否也碰到了这种事情，因为这衣服确实有洗过的痕迹。"

这位女顾客知道自己错了，并且意识到服务员给了她台阶下，于是不好意思地拿起衣服，离开了商场。

3. 将尴尬的事情严肃化

故意以严肃的态度应对让对方尴尬的境况，忽视其中的可笑意味，缓解对方的紧张心理。

第二次世界大战时，一位德高望重的英国将军举办了一场祝捷酒会。除上层人士之外，将军还特意邀请了一批作战勇敢的士兵，酒会自然是热烈而隆重。没料想，一位从乡下招募的士兵不懂酒席上的一些规矩，捧着面前的一碗供客人洗手的水喝了，顿时引来达官贵人、夫人小姐的一阵讥笑声。那士兵一下子面红耳赤，无地自容。此时，将军慢慢地站起来，端着自己面前的那碗洗手水，面向全场贵宾，充满激情地说道："我提议，为我们这些英勇杀敌、拼死护卫祖国的士兵们干了这一碗。"言罢，他一饮而尽，全场为之肃然，少顷，大家均仰脖而干。此时，士兵们已是泪流满面。

在这个故事里，将军为了帮助自己的士兵摆脱窘境，恢复酒会的气氛，采用了将可笑事件严肃化的办法，不但不讥笑士兵的可笑行为，还将该举动定性为向杀敌英雄致敬的严肃行为。乡下士兵不但尴尬一扫而尽，而且获得了莫大的荣誉，成为在场的焦点人物。

批评别人时应遵守的原则

批评者如果能够遵循批评的基本原则，那么他的批评将会更容易被对方所接受。

世上没有十全十美的人，每个人都有可能犯错。有的人会忍不住大发雷霆，严厉斥责犯错的人。然而在一阵狂风暴雨之后，你可能会沮丧地发现，你的"善意"并没有被对方所接受。倘若我们给批评裹上"糖衣"，也许批评会更容易为人所接受。

其实，批评不一定要用尖刻的言语，有时"温柔细语"更能起到劝说对方的效果。

在生活和工作中，批评是必不可少的，因为缺点每个人都有，只有认识到自己的缺点并加以改正，才有可能获得进步。这就是批评的价值所在。

但是，在批评别人时，一定要讲究方式、方法，否则难以达到预期效果。那么，批评别人需要遵循哪些原则呢？

1. 体谅对方的情绪

开门见山地批评他人显得有点残酷，会在对方的心里留下一层阴影。所以，当你在批评他人时，不妨设身处地地站在对方的立场考虑一下：如果是自己，是否能接受得了这种批评？如果批评的话自己听来都有些生硬，那么就该考虑一下自己的措辞。

另外，也要考虑批评的场合。不注意场合的批评，任何人都很难接受。

2. 诚恳而友好的态度

批评是一个敏感的话题，哪怕是轻微的批评，都会使人感到不舒畅，而且，批评者也会让人觉得很挑剔。所以，如果批评者态度不诚恳，居高临下，反而会引发矛盾，使对方产生对立情绪。

因此，批评必须注意态度，诚恳而友好的态度往往能使摩擦减少，使批评达到预期效果。

3. 只说眼前，不提过去

批评应该站在如何解决当前问题，将来如何改进的立场上进行。这样的批评才是理想、得当的。

4. 批评时一对一，莫让他人听到

批评他人时若有第三者在场，被批评者会有屈辱感，由此心生反感，找理由辩解，而无心自省。因此，不到万不得已，不要当众批评他人。

看透不点透：事情说得太白会伤和气

人非圣贤，有时难免会做一些不适当的事。在这种情况下，要把握好指责他人的分寸，即使看破别人的心思也不要去点破。

在人际交往中，有的事不必弄得太明白，只要大家心知肚明就可以了。俗话说：看透别说透。事情说得太白，反而会伤和气，显得太无聊。懂得此道理，在交际中自然游刃有余。

相反，那些事事追究到底，口无遮拦地说出心中所想的人，往往会破坏原本融洽或是可能融洽的气氛。

在一次会议上，张教授遇见了一位文艺评论家。互通姓名后，张教授对这位文艺评论家说："久仰久仰，早就知道您对星宿很有研究，是位大名鼎鼎的天文学家。"评论家半天没有反应过来，以为是张教授搞错了，忙说："张教授，您可真会开玩笑，我是搞文艺评论的，并不研究什么天文现象。您是不是弄错了？"张教授正言答道："我怎么是跟您开玩笑呢？在您发表的文章里，我时常看到您不断发现了什么'舞台新星''歌坛之星''文坛明星'等众多的星宿，想来您一定是个非凡的天文学家。"弄得这位评论家尴尬不已，什么也没说，坐了一会儿就走了。

为人处世，需练就一双"火眼金睛"，但也要看准说话时机，这样才能万无一失。故事中的张教授自以为自己看得挺明白，对人大加指责，说话时不考虑对方的感受，在处理事情时得到的结果也自然不同了。

谁都会有出错的时候，如果只是一味地泄私愤、横加批评、讲话带刺，总是数落对方"你怎么这么笨""你怎么总是这样""你这样做太不应该了"等，是不太妥当的。

人非圣贤，有时难免会做一些不适当的事。在这种情况下，就要把握好指责他人的分寸，即使看破别人的心思也不要去点破，要保全别人的自尊。

当某人行事真有问题时，他在内心也会有所反省，觉得抱歉、恐慌、不知所措，此时如果你再批评指责他，那么他会因为你的谴责而羞愧难过,甚至从此一蹶不振,无法再树立自信。如果换种语气,换个方式,比如,"以后你会做得比这次好"或者"我想,下次你一定不会再犯这样的错误了"等诸如此类的话,会让对方感激你对他的信任,同时感受到你的真诚,更重要的是,他会逐渐树立改正错误的信心,在今后的工作、生活中必定更加小心谨慎。

第五章

第一印象：5分钟与陌生人成为朋友的策略

制造"一见如故"的感觉

交往之始，如果话说得好就能赢得陌生人的好感，进而更容易营造"一见如故"的氛围。

良好的第一印象是叩开交际大门的门票。第一句话说得好自然会拉近人们的距离。交往中的第一句话，绝不只是可有可无的寒暄，将决定你们接下来互动的方向。所以，如果你想在后面的交往中如鱼得水，不妨先说好你的第一句话。

小金是上海一家文化传媒公司的经理秘书，负责接待从北京过来担任公司短期培训顾问的袁教授。在机场初次见面简单问好之后，小金说道："袁教授您肯定不常来上海，这几天我带您到几个著名的景点去逛逛，让您看看上海的新面貌……"袁教授表情冷淡地回应："不必了，我本身就是上海人，当初我在上海的时候你还没出生呢。"袁教授的反应出乎小金的意料，却又在情理之中。

小金本是好意，想要在初次见面时拉近双方的距离，营造出轻松、活跃的氛围，但她的第一句话拿捏得并不恰当，她的表达没有让袁教授感觉到应有的尊重。

试想一下，如果小金这样说，袁教授的反应还会跟之前一样吗？"袁教授，您去过不少地方，见多识广，哪个城市给您留下的印象最深刻呢？不知道您对上海的评价怎样？您一路辛苦了，这几天的活动就交给我来安排吧……"显然，如果小金能在与袁教授初次见面时，运用更妥当的表达方式，接下来的接待过程将会顺利得多。

第一次见面时，双方还只是素不相识的陌生人，因此，双方之间的互动实际上是一个互相试探的过程，第一句话也就显得尤为重要。这是打消对方的疑虑，增进双方信任感和安全感的关键。卡耐基说："良好的第一印象是登堂入室的门票。"这里的第一印象常常被理解为相貌、服饰、举止、神态，却忽略掉最重要的一点——你和对方所说的第一句话。怎样才能说好交往中的第一句话呢？最重要的一点当然是选择合适的内容，而这是一个动态的过程，需要结合对方的身份、年龄、偏好，以及你们之前的关系，当时的具体情境等方面综合考虑。有一些原则是通用的，首先你要带着真诚和热情开始你们的交流。你是否真心要建立起交流关系，在你开口说话之前对方就能通过你的眼神有所感知。其次是要以尊重和包容为前提，无论对方和你处于怎样的情境，尊重是你开口说话时应该带有的最基本的感情基调。再次是要带着兴趣去观察对方的特点、偏好，这有助于你有针对性地选择话题。你可以考虑通过以下三种方式找出你们的第一个话题：

1. 从对方的地域找话题

一个人的口音就是一张有声的名片。我们可以围绕对方的口音及地域找出很多话题。例如，从乡音说到地域，从地域说到对方家乡的风土人情、名胜古迹等。

2. 从有关的物件中找话题

例如，客户办公室放有杂志，就可以从杂志上找话题。还有一些物品也是可以作为话题的，不妨用试探的口气来交谈。比如，询问对方拥有的某一产品的产地、价格等，以此为话题和对方搭话，找到拉近关系的机会。

3. 从对方的衣着穿戴上找话题

一个人的衣着、举止在一定的程度上可以反映出其身份、地位，同样可以作为你选择话题的依据。比如，你所见的人开了一辆宝马车，手上戴了一块劳力士表，你就可以主动问："如果我没有猜错的话，您一定是位商界中的佼佼者！"一语即出，对方会有几分吃惊地说："你真是好眼力！"紧接着，

你们就可以谈很多与企业生产、经营有关的话题了。即使你猜错了也不要紧,因为你把他看成企业家本身就是一种赞美,对方心里也会高兴,并会礼貌地说出自己的真正身份。

另外,在开始交流时充分运用你的肢体语言,也会让你收到意想不到的效果。除了说话的内容以外,在这里,我们要推荐一些关于控制说话时的神情、动作、语气、语调的有用准则。

(1)运用腹腔呼吸,不要用胸腔来呼吸,这样声音才会有力;

(2)说话时把声调放低,这样听起来平稳、和谐,也更显得魅力十足;

(3)多说"我行""我可以""我能做到""我会做好

的"之类有信心的话，你的感觉会变得更好，别人也会增加对你的信心；

（4）说话时配合一些手势，面带微笑，眼睛看着对方，这样可以增强语言的感染力。

另外，还有一些需要注意的方面，我们在表达过程中绝对应该避免。

（1）说话吞吞吐吐、结结巴巴，总带有"嗯""啊""这个"之类的赘词；

（2）在话语中间插入一些"你知不知道""我对你说"这样的话，破坏了话语的连贯性；

（3）说话高声大气，把气氛搞得很紧张；

（4）说话像开机关枪，毫不停顿，结果弄得自己上气接不下气，也让对方很难受；

（5）说话时总喜欢带上几个外语单词，更严重的是中文、外文一块说，让人觉得你有卖弄之嫌。

当你掌握了这些技巧后，就掌握了人际交往的主动权。

恰当的称呼是畅聊的开关

沟通伊始，恰当地称呼别人十分重要，一个恰当的称呼可以叫到别人的心坎里，让别人更容易接受你。而不恰当的称呼则可能让别人的心里不舒服，进而影响接下来的交往。

在社交中，称呼对方是不可避免的。在职场交往中，人们对称呼是否恰当十分敏感。尤其是初次交往，称呼往往影响交际的效果。有时因称呼不当会使交往双方产生感情上的障碍。不同时代、不同国家、不同地区、不同社会集团之间都有不同的称呼，但也有共同的称呼，如太太、小姐、女士、先生。因此，你必须懂得恰当地称呼别人，这样别人才会感到舒服，进而增进双方的感情。

有一位善于交际的朋友，在很多场合他都能结识很多新朋友。他是怎么做的呢？他对比自己小的年轻人总是很亲切地直呼其名，并以亲如兄长般的态度赢得小弟、小妹们的尊敬与喜爱。即使在他住院期间，他也能与医务人员打成一片。他曾

说:"与人交往中,首先要学会恰当地称呼别人,这样才能使人对你产生好印象。"

事实确实如此,就拿找人来说,你如果说:"喂,总经理在哪里?"被问的人肯定不会理你。如果你礼貌地说:"你好,请问王总去哪儿了?"那他则会很高兴地告诉你。

此外,在交往中,称呼要合乎常规,照顾到被称呼者的个人习惯,同时,还要注意入乡随俗。而根据场合,称呼可以分为工作中的称呼和生活中的称呼两种,在具体实践中各有不同。

在日常生活中,称呼应当亲切、自然、准确、合理。

在工作岗位上,人们彼此之间的称呼是有其特殊性的,应当庄重、正式、规范。

在工作中,最常用的称呼方法就是以交往对象的职务相称,以强调其特殊身份及自己的敬意,比如"陈总(经理)""王处长"等。

对于具有职称者,尤其是具有高级、中级职称者,可以在工作中直接以其职称相称,如"侯教授""张工(程师)"等。而以头衔作为称呼,可以强调被称呼者的权威性,还有助于增强现场的学术气氛,如"陈博士"等。

使用称呼还要注意在场者的主次关系及年龄特点。如果现场有多人,应以先长后幼、先上后下、先疏后亲的顺序为宜。如果是宴请宾客,一般要按女士、先生、朋友们的顺序称呼。使用称呼时还要考虑心理因素。

客气的称呼会使对方感到愉快。在有些场合，如果你适当地喊出对方的名字，更会使人感到亲切愉快。

与重要人物见面，说话时阵脚不可乱

重要人物也是人，与重要人物见面时首先要克服羞怯畏惧的心理，说话的时候才能不自乱阵脚。

很多人都有这样的困扰——在生活或工作中遇上了名人、领导或者对自己有帮助的重要人物，心里十分渴望迅速接近他们，进行一场融洽的交谈，但始终找不到一个突破点，或者在交流过程中总觉得很不顺畅。其实，与这些重要人物交流也有一定的技巧。"大人物"也是人，他们也有和平常人一样的感情世界。

所以，与这些重要人物交往，不要有羞怯畏惧的心理，只要真正表现你内心的想法，你就能与任何重要人物开口说话。这一点是与重要人物交往最基本的要领。当然，要想顺利地与不同类型的重要人物进行交谈，我们还需要对这些人进行了解与分析，做足准备工作。

1. 与名人说话

名人往往比寻常人拥有更多的成就，而且也有各自的嗜好。当你准备去拜访某位名流时，你可以预先就谈话内容做点儿准备。

遇到有名的作家、诗人、画家、音乐家等从事创作的人，我们可以准备一些他们感兴趣的话题来与他们探讨，因为这类人往往有广泛的兴趣。或许他们在社交场合并不活跃，但往往也有启发人们思想的独到之处。与他们讨论一些问题，可以让他们将独特的见解表达出来。与他们交谈，必须有耐心，不能轻易动怒，也不能太热切，要温和、冷静和体贴。

在多数情况下，与名人谈孩子是不会错的。从孩子入手，谈话就很容易进行，但要注意话题不要扯得太远，要适可而止，更不要试图打探别人的隐私。

2. 与专业人士说话

在社交场合中，我们不宜向各种有地位的专业人士要求提供免费服务。即使你的问法很有技巧，那也是一种冒犯。你问得再有技巧也瞒不过专业人士的眼睛。专业人士的职务便是他们向客户出售的商品。

与重要人物说话，最基本最重要的是自然和真诚。有些人见到名人、富人等大人物之后只是一味地说些奉承话和空话，这样做是无法和对方愉快交流的。面对这些重要人物，你大可不必紧张，所谓的"重要人物"也像普通人一样，抵不过疲倦，也承受不了受伤害。

第六章

逆反心理：给足面子，三言两语搞定他

适当地"贬低"自己

大家都坐过跷跷板，如果跷跷板的一边贴地，另一边必定是荡在高空。而这个跷跷板的原则，也适用于人际关系。即适时地贬低自己，相对地抬高对方。使用这种方法，可以让他人的心理变得轻松。

进一步说，对他人采取轻视的态度，这对自己绝无半点好处。因为你刺伤他的自尊心，他就会对你产生敌意，从而影响你们的关系。

例如，我们参加开幕式时，即使那是一家并不完美的店铺，我们也要客气地说："这店铺看起来真不错，室内的装潢也很考究。不像我经营的那家，门没做好，窗户也是一大一小的。"这样拿对方和自己做具体的比较，并巧妙地批评自己略逊于对方一等，对方将因被人赞美而产生优越感，心里更是舒服。

相反，如果以傲慢的口吻对主人说："店铺的柜台再宽一点会比较好。你们下次整修时可要记住啊！"对方听到这样毫不客气的批评，一定会大感不悦，甚至对你产生敌意。

我们不妨利用"贬低自己"的诀窍，真诚赞美对方，达到顺利交流的目的，如此，成功便离你不远。

某一年年底，日本一家电视台为了制作迎新晚会，邀请了一些具有知名度的演艺人员参加。当时摄影棚里准备了一桌美味的佳肴，还有装饰豪华的背景，但演艺人员却因紧张而个个面色沉重，气氛严肃。

就在大伙儿面面相觑的时刻，橘家圆藏突然摆出一副天真的小孩模样，竟然吃起摆在桌上的菜肴，还津津有味地说："真好吃。各位，我先用啦！"大家看到这样有趣的画面，都放松了不少，严肃的气氛顿时缓解了不少。

脱口秀表演者橘家圆藏平易近人，让所有人的心情都放松了，这需要相当的智慧。

一家酒店正在为员工们举办贺岁宴会，并邀请员工的眷属共同参与，员工们的先生、太太、孩子齐聚一堂。然而，在这种场合，平日谈笑风生的男女服务生却哑口无言，场面有点尴尬。这时一男性员工勇敢地站起来同大家打哈哈，企图缓和气氛，他笑嘻嘻地对着大家述说自己昔日失恋、炒股票赔了不少金钱，以及在家中挨老婆责骂等故事。当这位男性员工说完之后，整个会场的气氛便开始热闹起来了。

或许有人没有勇气这样做。没关系，对于比较害羞的人，还有一个技巧。例如，与其他人第一次见面时，在双方互相不了解的情况下，彼此心中可能都会提高警觉，谈话也总是不够起劲，因此对话尴尬又不自在。这时，不妨以自己的失败经验当话题，可以达到缓和气氛的效果。

炫耀自己仅会引起别人的反感，而谈及自己的失败经验，不但会维护对方的自尊心，还能打开对方的心扉，让对方坦然

地接受你。

"示弱"比"示强"更讨人喜欢

在人际交往中,"示弱"是极高的智慧。要与人和谐相处,讨人喜欢,必须学会示弱。

美国心理学家做过这样的调查:一名彪形大汉在拥堵的马路上横穿而过,愿意给他让路的车辆不到50%;而一个老弱病残人士过马路,大家争着相让,同时大家都觉得自己做了一件好事。

对于人类来说,面对压力不低头的是有个性的人,而适当地选择示弱、认输、放弃的人则是聪明的人。

生活中向人示弱,可以小忍而不乱大谋;工作中向人示弱,可以蓄势待发。强者示弱,可以展示你的博大胸襟;弱者示弱,可以争取时间,渐渐变得强大。

美国第九任总统威廉·亨利·哈里逊出生在一个小镇上,他小时候是个文静怕羞的孩子,人们常喜欢捉弄他。他们经常把一枚5分硬币和一枚1角硬币扔在他的面前,让他任意捡一个,威廉总是捡那个5分的,于是大家都嘲笑他。有一天,一位好心人问他:"难道你不知道1角比5分钱值钱吗?"

"当然知道。"威廉慢条斯理地说,"不过,如果我捡了那个1角的,恐怕他们就再没有兴趣扔钱给我了。"

与陌生人相处，适当示弱是一种真诚的体现。但大多数时候，我们都习惯在别人面前展示自己坚强美好的一面，总想掩饰自己脆弱的一面。社会心理学家指出，适当地在别人面前表现你比较脆弱的一面，更容易拉近彼此间的心理距离。

　　向对手示弱，是一种策略。示弱只为迷惑对手，使其麻痹，然后选择时机出奇制胜。

　　在上级或长辈面前示弱，是一种生存本领。初入社会的年轻人多不懂此理，一开始便以恃才傲物的姿态面对生活，阻断了别人向自己传授经验的机会，给自己以后的发展留下了隐患。

　　当然，示弱并非奴颜婢膝地献媚，这样做只会自取其辱。恰当地示弱，是为了虚心求救，养精蓄锐，蓄势待发。

　　表现得强势，必然会让人产生距离感，给人不好相处的印

象。要与人拉近距离，搞好关系，就要收起棱角，学会示弱。向人示威，人人都会，向人示弱却并非人人能做到，因为示弱既需要勇气也是一种智慧。

人心都是肉长的，情到深时洒些眼泪，可以有效地感动对方。

与刘璋涪城相会时，刘备"挥泪诉告衷肠"，使得川中军民皆感受到刘备的仁慈。这也是刘备日后进攻西川时，川中将士多有弃甲倒戈者，百姓夹道欢迎的主要原因。

有时说话要隐晦些

直言直语固然好，但有时说话还是要隐晦一些。什么话该摊开来说，什么话该隐晦地说，我们要做到心中有数。

在表达一些意愿和请求时，如果能够合理地把握分寸，暗藏在话语背后的真意一样可以传达给对方。

1. 以退为进，让人主动接受

暑假时，某高校决定组织青年志愿者到孤儿院献爱心。

班主任向所有志愿者提出一项要求："希望每位成员都能带一名孤儿到自己家中过暑假，让他们感受家庭的温暖。"把好不容易盼来的假期全部花在照料孤儿上，这的确让人有些勉为其难，当时，大家就用沉默来反抗。

短暂的冷场后，班主任微微一笑，说："我知道这样可能使大家为难了。这样吧，我尊重大家的选择，把原计划改为每周抽出一天时间陪孩子一起逛逛公园、做做游戏，这样总可以了吧？"这一提议获得了大家的一致支持。

其实，这只不过是班主任的一个策略而已。他的真实用意实际上就是让志愿者每周能抽出一天时间陪陪孤儿，不过他明白，即使这样一个请求，在暑假里实践起来也是有一定难度的。于是在提出这样一个请求前，他干脆提出了一个更让人为难的请求——让他们整个暑假照料孤儿，这一请求不出所料地遭到大家的拒绝。只不过，在已经拒绝一次的情况下，别人又提出一个请求，而且两次请求相权衡，大家自然会选择后者。

2. 满足需要，让人主动回避

19世纪，在维也纳上层社会的妇女间流行一种高筒、宽檐的帽子，帽檐上装饰着五颜六色的羽翎。当这些女士进入剧场时，坐在她们后面的观众就只能看到她们的帽子而看不见舞台，于是不少观众向剧场经理提出抗议。

剧场经理起初只是一味地请求女士们脱帽，但女士们谁也不理睬。后来，经理眉头一皱，计上心来，对女士们说："本剧场照顾年老的女士，只有她们可以不脱帽。"此言一出，剧场中所有的女士都摘下了帽子。

上面这个故事中，剧场经理抓住女士们都希望自己年轻貌美的心理需求而说出的话，让女士们乖乖地摘下帽子。以退为进，满足需求都是为了使隐晦的语言能够更好地发挥效用，因此，我们在说话时完全可以借助上面的表达方式，该明说的话要明说，不适宜明说的话要用隐晦的方式说出来。

暗示，不伤他人自尊的言语控制术

在日常交际中，当需要批评或提醒他人而又不便直接向他提出时，便可考虑使用侧面暗示法，从而达到启示、提醒、劝阻、教育他人的目的。

会说话的人知道哪些话可以说，哪些话不可以说。他们懂得用委婉含蓄的话语暗示别人，在坚持自己原则的同时又不会令对方太过难堪。

有一次，小王家里来了客人，聊了几个小时后，这位客人还无意离去。

小王因还有其他事情要做，屡次暗示客人，但是那位客人却"执迷不悟"。小王无奈之中心生一计，对他说："我家的花开得正旺，我们到园子里去看看？"

客人欣然而起，于是小王陪他到花园里观赏花。看完后，小王趁机说:"还去坐坐吗?"

客人看看天色,恍然大悟地说:"不了,不了,我该回家了,要不就错过末班车了。"

小王没有直接说明自己有其他事情要做而是用不经意的话暗示对方,不仅没有让对方感到尴尬,而且也达到了自己的目的。

一天,几位青年人去拜访某教授。不知不觉已谈到深夜,教授接着其中一位青年人的话题说:"你提的这个问题很值得研究,明天我去A城参加一个学术会,准备就这个问题跟几位专家聊聊。"听完教授的话,几位青年立刻起身告辞:"很抱歉,不知道您明天还要出差,耽误您休息了。"

如果遇上了一位不知情的客人,你让他走也不是,不让他走也不是,这可是件很让人尴尬的事情。这时,你不妨采取一些巧妙的暗示。诸如看看钟表,或者随意地问他忙否,然后再

告诉他你最近都很忙。一般情况下，稍微敏感点的客人肯定会起身告辞，但若是"执迷不悟"的客人对此无动于衷，我们就可以巧妙地转移一下地点，像小王那样用一下"调虎离山"之计，这样既维护了彼此的情感，又不至于耽误自己的事情，可谓两全其美。

在一家高级餐馆里，有一位顾客把餐巾系在脖子上，餐馆经理对此很反感。于是，他叫来了一个女服务员说："你要让这位绅士懂得，在我们的餐馆里，那样做是不允许的，但话要说得委婉些。"女服务员来到那位顾客的桌旁，很有礼貌地问："先生，您是刮胡子，还是理发？"话音一落，顾客立即意识到自己的失礼，赶快取下了餐巾。

这位聪明的女服务员没有直接指出客人有失体统之处，却拐弯抹角地问两件与餐馆毫不相干的事——刮胡子和理发，表面上看来似乎是女服务员问错了，而实际上她思想通过这些风马牛不相及的事情来提醒这位顾客，不仅使顾客意识到自己失礼之处，又做到了礼貌待客，不伤害顾客的自尊。

第七章

南风法则：一句暖心话，让他心甘情愿为你做事

温和的言语让人更舒服

这里所说的"温和言语"中的"温和"有两层含义，一是指说话的方式温和，二是指所说的内容温和。所谓说话的方式温和，是指开口说话的时候，以温和、委婉的语调和语气说话；所谓说话的内容温和，是指所说的内容真实可靠，实事求是，能够使人的心情趋于温和、愉悦，并且使人的思想积极向善，而不是引发贪婪、憎恨、不满和抱怨等不良情绪。

查尔斯·史考勃有一次经过他的钢铁厂。当时是中午休息时间，他看到几个人正在抽烟，而在他们的头上，正好有一块大招牌，上面清清楚楚地写着"严禁吸烟"。如果史考勃指着那块牌子对他们说："难道你们都是文盲吗？！"这样显然只会引起工人的逆反和憎恶心理。

史考勃没有那么做，相反，他朝那些人走去，友好地递

给他们几根雪茄,说:"诸位,如果你们能到外面抽掉这些雪茄,那我真是感激不尽了。"吸烟的人立刻意识到自己违反了规定,于是便一个个把烟头掐灭,同时对史考勃产生了好感和尊敬之情。

因为史考勃没有直截了当地斥责,而是使用了充满人情味的温和的表达方式和言语,使别人乐于接受他的批评。这样的人,谁不乐于和他共事呢?其实,不仅对于领导来说采取温和的说话方式会让下属敞开心扉,接受批评,就是我们与周围人的一般交往时,也是如此。

俗话说:"良言一句三冬暖,恶语伤人六月寒。"当我们以温和、友好的方式和人交谈时,对方就会在不知不觉中向我们靠近,并愿意敞开心扉,与我们亲切地交谈。如果我们以一种居高临下的姿态跟人说话,甚至言辞不恭或太犀利的话,对方就会垒起一堵"心墙",让我们无法靠近。

胡洛克是美国最有成就的音乐经纪人之一。二十多年来,他一直跟艺术家有来往,像夏里亚宾·伊莎德拉、邓肯,以及帕夫洛瓦这些世界闻名的艺术家。胡洛克说,在与这些脾气暴躁的明星们接触中所学到的第一件事就是必须温和地对待他们,特别是在跟他们交谈的时候。

他曾担任夏里亚宾的经纪人达三年之久。夏里亚宾是最伟大的男低音歌唱家之一,然而,他却一直是个"问题人物"。他像一个被宠坏的小孩,用胡洛克的话来说:"他是个各方面都叫人头痛的家伙。"

例如，夏里亚宾在他演唱的那天中午，打电话给胡洛克说："胡洛克先生，我觉得很不舒服。我的喉咙像一块生的碎牛肉饼，今晚我不能上台演唱了。"胡洛克有没有立刻和他吵了起来？不，没有。他知道一个经纪人不能以这种方式对待艺术家。于是，他马上赶到夏里亚宾的旅馆，表现得十分温和。"多可怜呀！"他极其忧伤地说，"多可怜！我可怜的朋友。当然，你不能演唱，我立刻就把这场演唱会取消。这只不过使你损失一点钱而已，但跟你的名誉比较起来，根本算不了什么。"

这时，夏里亚宾叹一口气说："也许，你可以下午再过来

一次。五点钟的时候来吧！看看我怎么样。"

到了下午五点钟，胡洛克又赶到他的旅馆，仍然是一副十分温和的姿态。胡洛克再度表示支持他取消演唱会的提议，夏里亚宾再度叹口气说："哦！也许你最好待会儿再来看看我。我那时可能好一点了。"

到了七点半，这位伟大的男低音答应登台演唱了，他要求胡洛克先登上大都会的舞台宣布说，夏里亚宾患了重伤风，嗓子不太好。胡洛克就答应他照办，因为他知道，这是使这位伟大而怪脾气的男低音走上舞台的唯一办法。

胡洛克用自己温和的语言，打动了一个个难缠的艺术家。这告诉我们：在这个世界上，没有一个人喜欢说话态度蛮横、语气生硬、粗暴无礼的人，也没有一个人喜欢言语尖酸刻薄的人。

仔细观察就会发现，言语尖酸刻薄、态度不温和实际上是招致别人讨厌的主要原因。言语生硬、刻薄的人，会让周围的人对其产生极大的厌恶。

被拒绝了心里肯定不好受。面对不合理的要求，有的下属仗着年轻气盛，一句话就给领导顶回去了，搞得双方不欢而散。有的下属虽然心里有些不快，却还能冷静下来，用平和的语气来对领导晓之以理。显然后者是讨人喜欢的，能让领导冷静地予以思考并认为你很有涵养，转机说不定就会在此时发生。

在一家企业面试中，小齐凭借自己的实力通过了笔试和前几轮面试。

在最后一轮面试过程中，考官突然问道："经过了这轮面试，我们认为你不适合我们的单位，决定不录用你，你自己认为你有哪些不足？"

面对考官的问题，小齐虽然很失望，也比较气愤，但还是平静地回答道：

"我认为面试向来是一半靠实力，一半靠运气的。我们不能指望别人通过一次面试就对一个人的才能、品格有充分的了解和认识。通过这次面试，我学到了很多东西，也发现了自己的不足——既有临场经验的不足，也有知识储备的不足。希望以后能有机会向各位考官讨教。我会好好地总结经验，加强学习，弥补不足，避免在今后工作中再出现类似的问题。另外，希望考官能对我全面、客观地进行考查，我一定会努力，使自己尽量适应应聘岗位的要求。"

其实，考官这是在考查小齐的应变能力，并非真的对他不满，如果他们认为小齐不合适，就不会再问他问题。

因此，小齐沉着应对，回答时非常谦虚，把重点放在弥补弱点上，这可以看出他积极进取的品质，甚至他还表示要诚恳地向考官讨教，无形中博取了他们的好感。下属向领导提议时亦是如此，遭遇领导拒绝后，如果任凭自己内心的不满发泄出来，只会让领导觉得你不明事理。而如果你能在遭遇拒绝后仍保持言语和气，循序渐进地对领导晓之以理，动之以情，相信领导会重新考虑你的提议，有可能你的目的就达到了。

如果一个人没有"言语温和"的素质，那么这个人的一生将在痛苦的争吵声中度过，很难找到祥和与温暖的时光。观察周围的人就会发现，不少人其实并没有其他特殊的本领，只是掌握了"言语温和"的基本素质，则其一生也是在幸福和成功之中度过。而又有不少人，虽然拥有一些出众的才能，可是脾气却很暴躁，语言也不温和，出口就让周围的人不开心，这样的人往往一生坎坷，家庭不幸福，人际关系也恶劣。

林语堂说："如果我们在世界里有了知识而不能了解，有了批评而不能欣赏，有了美而没有爱，有了真理而缺乏热情，有了公义而缺乏慈悲。有了礼貌而无温暖的心，这种世界将是一个多么可怜的世界啊。"所以，一个人要具备"言语温和"的禀性，培养"温和"与"谨慎"的心灵。当我们的心灵变得温和时，言语自然就会温和；当我们的心灵变得谨慎而细致时，说话自然就会把握分寸，使人感到温暖体贴。如果一个人具备言语温和的禀性，这个人就会感到祥和与安乐，还会受到他人的欢迎和赞扬。

善意的交谈让你更容易为人接受

与人交谈时,如果态度良好,更容易赢得别人的好感,你也就更容易为人所接受。

"善待他人就是尊重自己。"给别人一片晴朗的天空,就是给自己一片明媚的天空。当你发现他人的优点、好处、能力时,人家同时也发现了你的优点、好处、能力。善待他人就是善待自己,这是做人的基本原则。

孟子曾经说过:"君子莫大乎与人为善。"那些慷慨付出、不求回报的人,往往容易获得成功。而那些自私吝啬、斤斤计较的人,不仅找不到合作伙伴,甚至有可能成为孤家寡人。有人可能会问:怎样才算与人为善呢?与人为善说起来很简单,做起来却不是一件容易的事,包括相当广泛的内容。如:关心他人,当朋友遇到困难的时候,主动伸出援助之手;尊重他人,不去探究他人的隐私,不在背后议论、批评他人;善于和别人沟通、交流。善于和那些与自己兴趣、性格不同的人交往;……总的说来,善待他人的最重要原则就是"己所不欲,勿施于人",凡事要从对方的角度来考虑。如果你能遵从这个原则,你将获得许多好朋友、好伙伴。

战国时代的名将吴起很懂得与人为善就是善待自己这个道理。《史记》中载有一个关于吴起的故事:他爱兵如子,深得士兵们的爱戴。有一次,一个刚刚入伍的小兵在战争中负了伤，因战场上缺医少药，等到打完仗回到后方时，那个小兵的伤口已经化脓生疽。吴起在巡营的时候发现了，他二话没说，立刻蹲下来，用嘴为那位士兵吸吮伤口、消炎疗伤。那个小士兵见大将军竟然如此对待自己，感动得热泪盈眶，说不出一句话。其他士兵们看了，也深受感动。正因为吴起如此善待士兵，所以士兵们个个英勇善战。

可见，与人为善是我们在寻求成功的过程中必须遵守的一条基本准则。在当今这样一个崇尚合作的社会中，人与人之间更是一种互动的关系。只有我们先善待别人，善意地帮助别人，才能处理好人际关系，从而获得与他人的愉快合作。

我们静下心来仔细思考一下，会发现自己很少赞美他人。我们跟他人比较时，总是会找到对方的缺点，总是会说谁谁谁又做错了，某某某很笨，遇到人家做成功什么事情后，我们会在心里说："这有什么？要是我肯定能做得比他好。"而当一个人做事情失败后，我们中间很多人又会在心里说："瞧瞧，他多笨呀！不行就是不行……"凡此种种，其实就是我们不懂得善待他人的结果。

生活总是千差万别的，人的能力也是各种各样的，其实这跟我们的十根个手指头不可能一样齐是一个道理。当一个不如自己的人努力在做一件事情时，我们用自己由衷的言语赞美一下，对于我们这可能不算什么，但是想象一下，对方

听到这些赞美，会是一种什么样的心情呢？如果一个强于自己的人，轻易完成一件事情，我们在给他赞美的同时，还可以发现他成功的原因，我们会要求自己朝着他成功的方向去努力，这总比我们嫉妒他、不服气他要好多了吧？当遇到一个做错事情的人，特别是那种做错事情又企图伤害我们的人，如果我们宽恕他，给他改过的机会，我们得到的肯定不再是气愤之类的感觉。如果一个人遇到了困难，我们尽力帮助他、善待他，试想一下，当对方说"谢谢"的时候，我们是不是也很开心呢？

皖南山区某县有一个青年农民，他种的水稻品种好、产量高，他总是将自己的优良水稻品种无偿地送给村里的人。村民问他："你这样做不怕我们超过你吗？"这位青年农民回答：

"我将好种子送给你们，其实也是帮自己。"他知道，周围的人们改良了他们的水稻品种，可以避免自己的水稻品种产生异变，导致减产。

生活中常是这样：对人多一份理解和宽容，其实就是支持和帮助自己，善待他人就是善待自己。如同有句话说的那样：授人玫瑰，手留余香。

可见，善待他人是人们在寻求成功的过程中应该遵守的一条基本准则。在当今这样一个需要合作的社会中，人与人之间更是一种互相依存的关系。只有我们先去善待别人，帮助别人，才能处理好人际关系。

在追求成功的过程中，任何人都离不开与他人的合作。尤其是在现代社会里，如果你想获得成功，就应该想方设法获得周围人的支持和帮助。只有你真诚地对待别人，对方才会与你真诚合作。请记住：善待他人也就是善待自己！

朋友失意，安慰的话一定要得体

当我们的朋友遭遇不幸时，我们的反应往往不够得体。我们总是说出他们不愿意听的话，令他们难过，他们需要我们时，我们却不在他们身边。或者，就是和他们见了面，我们也故意回避那个敏感的话题。既然我们并非存心对他们无礼或冷漠，那么，为什么我们会在其实愿意帮忙的时候有那样的表现呢？

我们大多数人都有过这样的经验，就是无意中说错了一句话，巴不得能把它收回。我们怎样才能在某个人处于困难时对他说出适当的话呢？虽然没有严格的准则，但有些办法可帮助我们衡量情况和做出得体而真诚的反应，这里是一些建议：

1. 留意对方的感受，不要以自己为中心

当你去探访一个遭遇不幸的人时，你要记得你到那里去是为了支持他和帮助他。你要留意对方的感受，而不要只顾自己的感受。

不要以朋友的不幸际遇为借口，而把你自己的类似经历拉扯出来。要是你只是说："我是过来人，我明白你的心情。"那当然没有什么关系。但是你不能说："我的××死后，我有一个星期吃不下东西。"每个人的悲伤方式并不相同，所以你不能硬要一个不像你那样公开表露情绪的人感到内疚。

2. 尽量静心倾听，接受他的感受

丧失了亲人的人需要哀悼，需要经过悲伤的各个阶段和说出他们的感受和回忆。这样的人谈得越多，越能产生疗效。要顺着你朋友的意愿行事，不要设法去逗他开心。只要静心倾听，接受他的感受，并表示了解他的心情。有些在悲痛中的人不愿意多说话，你也要尊重他的这种态度。一个正在接受化学治疗的人说，她最感激一个朋友的关怀。那个朋友每天给她打一次电话，每次谈话都不超过一分钟，只是让她知道他惦记着

她，但是并不坚持要她描述病情。

3. 说话要切合实际，但是要尽可能表现出乐观情绪

泰莉·福林马奥尼是麻州综合医院的医生，曾给几百个艾滋病患者提供咨询服务。据她说，许多人对得了绝症的人都不知道说什么才好。

他们说些"别担心，过不了多久就会好的"之类的话，明知这些话并不真实，而病人自己也知道。

"你到医院去探病时，说话要切合实际，但是要尽可能表现得乐观一些。"福林马奥尼说，"例如'你觉得怎样'和'有什么我可以帮忙的吗'，这些永远都是得体的话。要让病人知道你关心他，知道自己有需要时你愿意帮忙。不要害怕和他接触，拍拍他的手或是搂他一下，可能比说话更有安慰作用。"

4. 主动提供具体的援助

一个悲恸的人可能对日常生活的细节感到不胜负荷。你可以自告奋勇，向他表示愿意替他跑腿，帮他完成一项工作，或是替他接送学钢琴的孩子。"我摔断背骨时，觉得生活完全不在我掌握之中。"一位有个孩子的离婚妇人说，"后来我的邻居们轮流替我开车，使我能够放松下来。"

5. 要有足够的耐心

丧失亲人的悲痛，有的人往往持续几年。"我丈夫死后，"一位老人说，"儿女们老是说：'虽然你和爸爸的感情一直很好，可是现在爸爸已经去了，你得继续活下去才好。'我不愿意别人那样对待我，好像把我视作摔跤后擦伤了膝盖而不愿起身似的。我知道我得继续活下去，而最后我的确活下去了。但是，我得依照我自己的方法去做，悲伤是不能匆匆而过的。"

在另一方面，要是一个朋友的悲伤似乎异常深切或者历时长久，你要让他知道你在关心他。你可以对他说："我能理解你的日子一定不好过，但我觉得你不应该独立应付这种困难，让我帮你好吗？"

用"同病相怜"的经历来缓解对方压力

会安慰和激励别人的人在说话上都是掌握了一定技巧的。

有一位中学教师,头脑灵活,在管理学生的工作上很讲究策略,非常善于说服学生,做思想工作。

他的班上有一个男同学,人很聪明,升初中的考试成绩是全班第三名。可仅过半年,期末考试却落到班级第27名。这位老师左思右想也找不出这位同学退步的原因。后来,他从侧面了解到,这孩子有尿床的毛病。被褥尿湿了,家长总是很恼火,这"丢脸"的事使他自惭形秽。精神上有负担,影响了他的学习成绩。

面对这样一个棘手的问题,想要说服同学,解除他的精神负担,应该怎么做呢?

这位老师思考了两天,看了一些心理学方面的书籍,最后决定,在一天放学后,办公室人都走光了,找这位同学谈心。

扯了一些班里的杂事以后,老师问这位同学:"听说你会尿床,是不是?"

学生一听,脸"噌"地一下红了,头也垂得低低的。老师把他朝身边拉了拉,握住他的手说:"其实,尿床没什么大不了,我研究过,十几岁的少年儿童中,有相当一部分人都尿床,只不过是许多家长不声张罢了。"

学生一声不吭。老师继续说:"老师我也尿过床。"

"真的?"他惊奇地问老师。

"真的，而且一直持续到初中快毕业。有时一夜尿两三次，睡梦中，我急死了，到处找厕所，找到一个墙角，拉开裤子就尿，结果就尿了一床。"

"哎呀，我也是这样。"他仿佛找到了知音，羞怯之情一扫而光。

接着，师生俩你一句我一句地扯开了"尿经"，讲到好笑的地方，一起放声大笑。这时，他们已没了师生之别，好像两个"尿友"在交流经验。

"后来你是怎么不尿床的？"学生突然问老师。

"我啊，到了15岁就自然不尿床了。"老师说，"那时我初中还没毕业，不知不觉地就好了。"

同学掰着手指算着："我今年13岁，再过两年，我也会好了？"

"那当然！"老师肯定地说，"尿床不是病，到了年龄，自然就会好了，你用不着烦恼。"

当他们走出办公室的时候，学生已经轻松多了。

后来，由于父母、老师的默契配合，那位学生终于放下了思想包袱，摆脱了困境，学习大有进步。

也许老师的尿床经历是编造出来的，然而却一下拉近了两人的距离，使劝慰和鼓励变得容易多了。

意识唤醒法使其走出悲伤阴影

世事无常，人有时难免陷入失意之中，这是因为自我意识没有被唤醒。人的自我意识有很多种，比如年龄意识、性别意识、社会角色意识等。拿年龄意识来说，一般情况下，人到了某个年龄段就会出现某种心理特征，但有的人却迟迟不出现。这时，只要你点拨他一下，他就会醒悟，从而发生心理上的转变。正确的自我意识一旦被唤醒，人也就会在失意中振奋起来。

小姜的一个同学因患黄疸型肝炎被学校劝退休学，整天愁眉苦脸，总认为自己的病没有好转的可能，因而产生了悲观情绪，丧失了信心。

小姜放假时，到这位同学住的医院探视他。一见面他就做出一副欣喜状，对这位同学说："哥们儿，你的脸色比以前好多了嘛！听医生说，你的黄疸指数已有所下降，这说明你的病情在好转啊！"

小姜的话客观实在，使朋友的精神为之振作。于是，他乐观地接受治疗，加速了康复进程，不久便病愈出院了。

人在遇到各种变故的时候，总会不由自主地心烦意乱，甚至悲观郁闷，有些人往往会因为自己的身心状况不佳而更加失落。这时，作为一个鼓励他的人，你如果想给他们带来好心情的话，就应该抓住某些好的方面，适时予以积极的暗示，这样才有助于唤起他们的自我意识，使他们扬起希望的风帆，积极地面对生活。

上大四的小孙恋爱三年了，不久前女朋友不知何故跟他分手了。他很伤心，整天精神恍惚。他的班主任李老师知道此事后，特地赶来做他的工作。李老师一见面就说：

"我知道你失恋了，是来向你道贺的！"

小孙很生气，转身就走。

"难道你不问问为什么吗？"小孙停下来，等着听李老师的下文。

李老师说："大学生都希望自己快点成熟起来，失败能使人的心理、思想进一步成熟起来，这不值得道贺吗？大学生的恋爱大多属于非婚姻型，一是大学生在学习期间不大可能结婚，二是很难预料大家将来能否在同一个地方工作。这种恋爱的时间通常都不会太长，随着知识的积累，人慢慢成熟了，就有可能重新考虑对方。应该说，这是大学生心理成熟的一种重要标志。另外，越到高年级，大学生越倾向于用

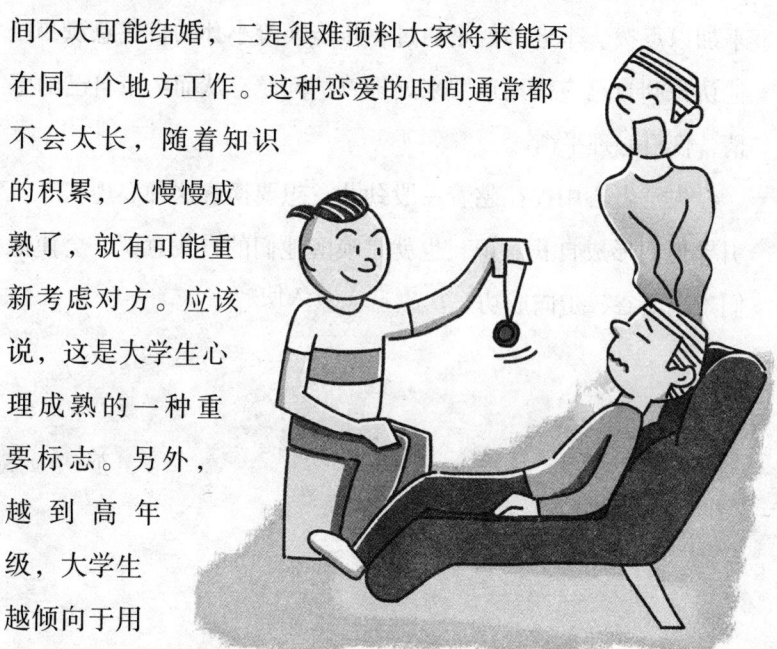

理智处理爱情。这时，感情是否融洽，性格是否合得来，理想和追求是否一致，学习和工作上是否互助互补，都会成为择偶的标准，甚至双方家庭状况有时也会成为重点考虑的条件。这种标择偶准多元化是大学生心理逐渐成熟的表现，也符合客观规律。你女朋友和你分手是不是出于择偶条件的全面考虑标准多元化的考量？你多方面考虑过你女朋友的条件吗？你现在该心中有数了吧？"

李老师先设置悬念——"祝贺你失恋"，把小孙从感情的泥沼中拉了出来，然后通过合情合理的分析，唤醒他的理智，多次用"大学生失恋不是坏事，而是心理成熟的标志"的观点来加以点拨。李老师就是通过一步步唤醒小孙的自我意识，使他认识到自己应该用理智来处理感情问题，从而约束自己的感情，恢复心理平衡。

失意者心中往往憋着一股劲儿，想要摆脱这种心理状态。引导他们形成自我意识，也就是唤醒他们的自我意识，会使他们走出低谷，走向成功。

第八章

赞美催眠法：千言万语，不如给他点个"赞"

人人都渴望被夸奖

赞美对任何人来说都是非常受用的。心理学家威廉·詹姆士曾说过："人类本质中最殷切的要求就是渴望被肯定。"的确，当一个人应该得到赞美却得不到时就会心灰意冷、牢骚满腹，甚至从此自暴自弃。反之，当他听到别人对自己长处的赞美时，就会感到愉快，鼓起奋进的勇气。即使他现在还不够完美，只要你给他充分的、恰如其分的赞美和肯定，那么在不久的将来，你就会惊喜地发现，他已经成为你想让他成为的那类人了。

从心理学的角度来看，人们的行为受到动机的支配，而动机又是随着人们的心理需要而产生的。一旦人们渴望得到他人肯定的心理需要得到满足,便会成为使其积极向上的原动力。比如在训练运动员的过程中,如果教练员能够适时地对运动员所取得的训练成绩加以肯定,很多时候就可以促使运动员完成他一直无法完成的某一高难度动作或姿势。

赫洛定律是一种人际关系的需求理论,它强调满足对方的渴求,以此获得他人的认可与信任。就说话而言,我们与人交谈,从某种意义而言,就是一种探求对方需求的过程,通过这种过程,我们知晓对方的心理活动,由此确定下一步谈话的内容。根据赫洛定律,我们可以探求各种人的喜好,随之在谈话中多多运用对方喜欢的幽默段子,那么和谐而欢娱的气氛就油然而生。

喜欢被赞美是人的一种本性。古今中外无数人的言行都证明了这一点。

卡耐基小时候是一个公认的非常淘气的男孩。在他9岁的时候,父亲把继母娶进家门。当时他们是居住在弗吉尼亚州乡下的贫苦人家,而继母则来自条件较好的家庭。他父亲向她介绍卡耐基时说:"亲爱的,希望你注意这个本地最坏的男孩,他可让我头疼死了,说不定他会在明天早餐以前拿石头扔你,或者做出别的坏事,总之让你防不胜防。"

出乎卡耐基意料的是,继母微笑着走到他面前,托起他的头看看他,接着又看看丈夫,说:"你错了,他不是本地最坏的男孩,而是最聪明的却还没有找到发挥他聪明才智的方式的男孩。"继母的话说得卡耐基心里热乎乎的，因为在继母到来之前，没有一个人称赞他聪明，他的眼泪几乎滚落下来。从此以后，他和继母建立起友谊，而这也成为激励他的一种动力，使他日后总结出缔造成功的28条黄金法则，帮助千千万万的普通人走上了成功和致富的光明大道。

所有人都渴望被赞美。因为赞美，我们可以获得更多前行的动力；因为赞赏，我们可以确认自己存在的价值。吉祥上师对这一人性特点曾做过精准的剖析，他认为："我们大多数人总是希望得到别人的赞美，却很吝啬对别人的赞美。当我们做了一点小事的时候，总是希望别人可以来表扬自己。这是很多人都在不断重复的思维怪圈。"上师提醒我们说："应该多赞美别人，想想当我们取得了小小的进步，或者做了一点小事，别人总是击掌称赞的时候，想想我们在获得赞扬时的兴奋与喜悦，我们就应该怀着感恩的心，时刻提醒自己，好好去为别人的努力鼓掌，无论成功或失败。"

人们都会为真心诚意的赞赏所打动，领导也是如此。下属要

善于抓住领导胜过别人的、最引以为豪的东西，并将抓住时机进行赞美，这样往往能起到出乎意料的效果，达到和领导沟通的最终目的。对于这一点，历史上还有一个很经典的实例。

古时候，一个叫彭玉麟的官员，有一次路过一条狭窄的小巷。一个女子正在用竹竿晾晒衣服，一不小心竹竿掉了下来，正好打在他的头上。彭玉麟勃然大怒，指着女子破口大骂起来。那女子一看，认出是官员彭玉麟，不禁冷汗直冒。但她猛然间急中生智，便正色道："你这副腔调，像行伍里的人，这样蛮横无理。你可知彭宫保就在此地！他清廉正直，爱民如子，如果我去告诉他老人家，怕要砍了你的脑袋呢！"彭玉麟一听这女子夸赞自己，不禁喜不自禁，而且他也意识到自己的失态，马上心平气和地走了。

晒衣女面对彭玉麟的怒气，急中生智，装作不知道对方是谁，斥责对方蛮横无理，并且夸彭宫保清廉正直，说如果向其告状其定会治他的罪。这说得彭玉麟心里美滋滋的：自己在民间居然有这么好的声誉，绝不应该为这点小事而损害形象。幡然醒悟之后，他便转怒为喜，一场眼看要爆发的争吵就这样被巧妙地化解了。

晒衣女的这一招的确高明，一顶恰到好处的"高帽"往往能让对方熄灭怒火，因为维护自己在别人心目中的好形象是每个人本能的选择，在一番赞美面前，谁还有心情去生气呢？

另外，对领导说的赞美话要切合实际，如果到领导家里，与其乱捧一场，不如赞美领导的房子布置得别出心裁，或欣赏壁上的一幅好画，或惊叹一个盆栽的精巧。若领导爱狗，你应该赞美他养的狗，若领导养了许多金鱼，你应该赞美那些鱼的美丽。赞美领导最在意的东西，最心爱的宠物，最费心血的设计，这比说上许多无谓的空泛的客套话更让人受用。

清朝末年，著名学者俞樾在他的著作《一笑》中，讲过这样一个故事：

有一个京城的官吏被调到外地任职。临行前，他去跟恩师辞别。恩师对他说："外地不比京城，在那儿做官很不容易，你应该谨慎行事。"

官吏说："没关系，现在的人都喜欢听好话，我已经准备了一百顶高帽子，见人就送他一顶，不至于有什么麻烦。"

恩师一听这话，非常生气地对这位官吏说："我反复告诉过你，做人要正直，对人也该如此，你怎么能这样？"

官吏说："恩师息怒，我这也是没有办法的办法。要知道，天底下像您这样不喜欢戴高帽子的人能有几位呢？"

官吏的话刚说完，恩师就得意地点了点头："你说得也有道理。"

从恩师家出来，官吏对他的朋友说："我准备的一百顶高帽子，现在仅剩九十九顶了！"

这个笑话说明谁都喜欢听赞美的话，就连那位强词"为人要正直"的老师也一样。所以，在拜访客户时，请不要忘记适度的赞美。

讨厌别人赞美自己的人少之又少。即使有，其内心的本意也未必如此。因为人都有获得尊重的需要，而赞美则会使人的这一需要得到极大的满足。所以，要想获得他人的好感，最有效的方法就是适度赞美他。

每个人都有自己的优点和个性，如果赞美符合他人的实际情况，就会收到意想不到的效果，若只是凭空捏造、信口开河，则显得比较虚伪。假如你对我们的养护工人这样说："你真是一个成功人士，你有非凡的气质，你是一个伟大的人物"，那么你一定不会让他对你有好感。因为这句赞美的语言你用错了人，自然就显得虚伪。对我们的养护职工你可以用"吃苦耐劳，不偷奸耍滑，对工作敬业，能吃苦不怕脏，聪明朴实，肯动脑筋"等语言给予肯定和赞美，这样的赞美才显得真诚。

赞美的语言人人爱听，这是人们的共同心理。恰如其分的赞美会让人精神愉悦，赢得他人的信任和好感。在许多场合，适时得当的赞美常常会产生神奇功效。美国前总统林肯曾经说过："人人都需要赞美，你我也不例外。"人人都渴望赞美，这是人们的共同愿望。领导对职工给予赞美，是对职工工作成绩的肯定，能鼓励职工充分发挥主观能动性和聪明才智，再接再厉地取得更多的成绩。朋友之间、同事之间互相赞美，能使彼此感情更融洽，友情更纯真。夫妻之间相互欣赏、赞美，可以增进感情、巩固婚姻。当父母的不失时机、恰到好处地赞美儿女，既能鼓励他们百尺竿头、更进一步，又可增强家庭的凝聚力。一个笑容可掬，善于发现别人优点并给予赞美的人，肯定会受到别人的尊敬和喜爱。留意别人的长处，学会欣赏别人，赞美别人，这是一门为人处世的艺术。

富有创意的赞美，消除对方的"警戒心"

赞美的新意很重要，需要我们综合各方面的因素来翻出恰当的新意，否则便会弄巧成拙、适得其反。

一些人在公共场合赞美别人时，自己想不出要怎样赞美，只能跟着别人说相同的话，附和别人的言辞。常言道：别人嚼过的肉不香。朱温手下就有一批鹦鹉学舌的人。

一次，朱温与众宾客在大柳树下小憩，独自说了句："柳树好大！"

宾客为了讨好他，纷纷起来互相赞叹："柳树好大。"

朱温听了觉得好笑，又道："柳树好大，可做车头。"

实际上柳木是不能做车头的，但还是有五六个人附和道："可做车头。"

朱温对这些鹦鹉学舌的人烦透了，厉声说："柳树岂可做车头？"随后把说"可做车头"的人抓起来杀了。

在整日聚首的，一家人之间或一个科室的同事之间，有些赞美很可能多次使用，已经形成某种习惯了，这就没什么意义和作用了。就像是同一张唱片或同一盘录音带只是在不同的时间反复播放一样，让人感觉乏味。

赞美加一点新意，鼓励作用会更大。正如有人所说："一点新意，一片天空。"

赞扬要有新意，当然要独具慧眼，善于发现一般人很少发

现的闪光点,即使你一时还没有发现具有新意的东西,也可以在表达的角度上有所变化和创新。

对一位公司经理,你最好不要称赞他如何经营有方,因为这种话他听得多了,已经成了毫无新意的客套了。倘若你称赞他目光炯炯、潇洒大方,他反而会被感动。

赞美是所有声音中最甜蜜的一种,应该给人一种美妙的感受。新颖的语言是有魅力的、有吸引力的。简单的赞扬也可以振奋人心,但是如果多次单调重复,也会显得平淡无味,甚至令人厌烦。一个女人就曾说过,她对别人反复说她长得很漂亮,已经感到很厌烦,但是当有人告诉她,像她这样气质不凡的女人应该去演电影,她笑了。

仪态万方几乎是所有女人孜孜以求的。这是她们最大的荣誉,并且常常希望别人围绕这一点赞美她们。但是对那些有沉鱼落雁之容、闭月羞花之貌的倾国倾城的绝代佳人,就要避免对其容貌的过分赞誉,因为对于这一点其已有绝对的自信。你可以转而去称赞其智慧和品格。

马克·吐温曾经说过:"一句好的赞美能当我十天的口粮。"我们每天都让新鲜的赞美流淌入他人的生活中,那么彼此对生活的积极性就会增强。

夸人要夸到点子上

把话说在点子上,往往能收到意想不到的效果,而夸人夸到在点子上,更会令对方喜出望外。

赞美是人们生活中不可或缺的生活调味剂,有了它,人与人之间的距离则会变得越来越近。如果要消除两人间的隔阂,真心地赞美对方是有效的方法。

但如果我们的赞美没有针对性,没有赞美到点子上,那么很可能会引起对方的厌恶。

当你与年老的长者交谈时,可以多称赞他引以为豪的过去,因为老年人一般都希望别人能够记住他当年的业绩和往日的雄风。当你与年轻人交谈时,不妨语气稍为夸张地赞扬他的创造才能和开拓精神,并举出几个实例证明他能够前程似锦。当你与商人交谈时,可以称赞他头脑灵活,生财有道。当你与知识分子交谈时,可以称赞他知识渊博、宁静淡泊。当然,这一切要依据事实,切不可虚夸。

因为恭维过度,会让人觉得你是在阿谀奉承、溜须拍马。

所以,在赞美别人时一定要善于寻找对方最希望被赞美的地方。

云莉从升入大学的第一天起,就被同学们称为"班花"。云莉自己也知道,从小到大她听到的称赞大多是关于她漂亮的外表,对于这样的赞美,云莉感觉有点儿"疲劳"了。其实在她内心深处最希望听到别人说她"有才华,将来肯定会有所成就"。云莉的男朋友就是靠着别具一格的赞美才赢得了她的芳心。"在我身上,他总能发现别人发现不了的优点。"云莉开心地说。

由此可见,赞美就得赞到点子上。这样的赞美才不会给人虚假和牵强的感觉,这样的赞美往往会使对方听来十分亲切真实,使对方产生一种遇到知音的感觉,从而增进友谊,缩短彼此间的距离。

赞扬客户身上的闪光点

对客户的能力和品格进行赞美，这是销售成功的重要手段之一。想想看，谁不愿意听到赞美自己的语言呢？谁又不认同赞美自己的人呢？找到客户身上的闪光点，将它们在合理的范围内合理放大，相信你总会受欢迎的。

有的推销员更是胜人一筹，在推销自己的产品之前先对对方的某个产品大赞一番，人们崇尚礼尚往来，我说你的产品好，再提到我的产品时，你还会给我泼冷水吗？

"我工作时，常用贵公司制造的收音机。那台收音机的品质极佳，我已经用了5年，还完好如初，没发生过故障。真不愧是贵公司生产的，就是有品质保证。"一个纸张推销员在推销本公司产品之前这样说道。

当然，他非常懂得怎样去丰富他的赞美语言，他不仅说出自己对对方公司的商品有兴趣，还具体地说明了他实际使用后，该商品的特征与性能，从而使自己评价的重点有了价值：

"或许大家不知道，我现在仍使用贵公司20年前生产的扩音器。其间，我也买过好几款别的产品，但不是发生故障，就是声音难听，还是买贵公司的产品最可靠。贵公司的产品真是好用，即使用了20年，比起现在的新产品也毫不逊色，真是令人佩服。"

"是的，本公司生产的扩音器都是采用进口技术，材料把关也相当严格，所以非常耐用。现在市场上这样有质量保障的品牌为数不多,你真是有眼光,我看你们公司的产品也挺不错嘛,能让我试用一下吗……"对方再也忍不住了,主动和他沟通起来。

多说适度赞美的话令别人感到开心和快乐,而对于说话的人也没有任何损失,何乐而不为呢?

伊斯曼曾经在曼彻斯特建过一所伊斯曼音乐学校。同时,为了纪念他的母亲,他还建了一家著名戏院。当时,纽约高级座椅公司的总裁亚当森想得到这两座建筑里的大笔座椅订货生意。

亚当森被领进伊斯曼的办公室,伊斯曼正伏案处理一堆文件。

过了一会儿,伊斯曼抬起头来,说道:"早上好!先生,有事吗?"

亚当森满脸诚意地说:"伊斯曼先生,在恭候您时,我一直欣赏着您的办公室,我很喜欢您的办公室,假如我自己能有这样一间办公室,那么即使工作辛劳一点我也不会在乎的。您知道,我从事的业务是房子内部的木建工作,我一生还没有见过比这更漂亮的办公室呢。"

伊斯曼回答说:"您让我记起了一样东西,这间办公室很漂亮,是吧?当初刚建好的时候我对它也是极为欣赏。可如今,我每天来这儿时总是盘算着许多别的事情,有时甚至一连几个星期都顾不上好好看上这房间一眼。"

亚当森走过去,用手来回抚摸着一块镶板,那神情就如同抚摸一件心爱之物。"这是用英国的栎木做的,对吗?英国栎木的组织和意大利栎木的组织就是有点儿不一样。"

伊斯曼答道:"不错,这是从英国进口的栎木,是一位专门同细木工打交道的朋友为我挑选的。"

接下来,伊斯曼带亚当森参观了那间房子的每一个角落,他把自己参与设计并监造的部分一一指给亚当森看。

这时候,他们的谈话已进行了两个小时了,亚当森轻而易举地获得了那两幢楼的座椅生意。

第九章

沉默控场术：学会把话语权交给对方

少说多听，做个倾听高手

在日常生活中，能聆听别人意见的人，必是一个有缜密思维和谦虚性格的人。这种人在人群中，起初也许不太引人注意，但最后必是最受人敬重的。因为他虚心，所以受所有人欢迎；因为他善于思考，所以为众人所敬仰。

怎么去做一位"听话"的高手呢？

首先是要"专注"。别人和你谈话的时候，你的眼睛要注视着他，无论他的地位和身份比你高或是低，你都必须这样做。只有虚浮、缺乏勇气或态度傲慢的人才不去正视别人。

其次，别人和你说话时，不可做一些与此无关的事情，这是不恭敬的表现。而且当他偶尔问你一些问题时，你就会因为不留心听他所说的话而无从回答了。

聆听别人的话时，偶尔插上一两句赞同的话是很好的，不完全明白时加上一个问号也是非常必要的，因为这正表示你对他的话留心了。

但是，你不可以把发言的机会抢过来，滔滔不绝地说自己的，除非对方的话已告一段落，该轮到你说话时才可以这样做。

无论他人说什么，你都不可傲慢地纠正他的错误，如果因此而引起对方的反感，那你就不可能成为一个良好的听众了。批评或提出不同意见也要讲究时机和态度，否则，好事会变成坏事。

有些人常喜欢重复说一件已经对你说过好几次的事情，也有些人会把一个说了好多次的笑话还当新鲜的东西。

你作为一位听众，此时要练习忍耐。你不能对他说"这话你已经说过很多次了"，这样会伤害他的自尊心，你唯一能做的事是耐心地听下去，虽然你心里明白他可能是一个记忆力不好的人。而且他对你说话时充满了好感和诚意，你应该同样用诚意来回应他。

但如果说话的人滔滔不绝而你又毫无兴趣，觉得花时间和精力去应付他是十分不值得的。这时，你应该用更好的方法，使他停止这乏味的话，但千万要注意，不可伤害他的自尊心。

最好的方法是巧妙地引他谈下一个话题，尤其是一些他内行而你又感兴趣的话题。

为了让自己更会"听话"，最好还要做好以下五个方面的训练：

（1）训练"听话"时的注意力。想听得准确，必须排除干扰。可以用这样的方法来训练：同时打开两台以上的收音机，播放不同内容，然后复述各个收音机播放的内容。

（2）训练"听话"时的理解力。可用这样的方法：找朋友闲聊，但要有意识地锻炼自己的理解力。

（3）训练"听话"时的记忆力。就是学会边听边归纳要点，记住关键性词语，以及重要的事实和数据。

（4）训练"听话"时的辨析力。即迅速分辨出争论各方的不同观点和逻辑关系，并加以评析。

（5）训练"听话"时的灵敏度。即能很好地在各种场合与各种对象交谈。经过足够的训练，再加上实际锻炼，你一定会成为一名"听话高手"。

时机未到就得保持沉默

哲学家说，沉默是一种成熟；思想家说，沉默是一种美德；教育家说，沉默是一种智慧；艺术家说，沉默是一种魅力。我们知道，在人际交往当中，沉默是一种难得的心理素质和可贵的处世之道，当然，任何事情又都不是绝对的。

心理学告诉我们，在不同的环境中，人们对他人的话语有不同的感受、理解，并表现出不同的心理承受力。正因为如此，有些话在某些特定环境中说比较好，但有些话说出来未必好。同样的一句话，在此时说与在彼时说的效果就不一样。因此，说什么、怎么说，一定要顾及说话的环境，如果环境不相宜，时机未到，最好的办法是保持沉默。

一次，一家日本公司同一家美国公司进行了一场贸易谈判。

谈判一开始，美方代表滔滔不绝地向日商介绍情况，而日方代表则一言不发，埋头记录。

美方代表讲完后，征求日方代表的意见。日方代表恍若大梦初醒一般，说道："我们完全不明白，请允许我们回去研究一下。"

于是，第一轮会谈结束。

几星期后，日本公司换了另一个代表团，谈判桌上日本新的代表团申明自己不了解情况。

美方代表没有办法，只好再次给他们介绍了一遍。

谁知，他们讲完后日本代表的态度并不明朗，仍是要求道：

"我们完全不明白,请允许我们回去研究一下。"

于是,第二轮会谈又宣告结束。

过了几个星期后,日方再派代表团,他们在谈判桌上故伎重演。唯一不同的是,这次,他们告诉美方代表一旦有讨论结果立即通知美方。

一晃半年过去,美方没有接到通知,认为日方缺乏诚意。就在此事几乎不了了之之际,日本人突然派了一个由董事长亲率的代表团飞抵美国开始谈判,抛出最后方案,以迅雷不及掩耳之势让美方加快谈判进程,使人措手不及。

最后,双方达成一项明显有利于日方的协议。

所谓"会说的不如会听的",听出门道再开口,有利于达到目的。

在生活中,有人推崇一种"大智若愚型"的处世艺术,即在商业活动中多听、少说甚至不说,显示出一种"迟钝"。其实这样做的目的是为了获得最大的利益。少开口,不做无谓的争论,你便可以探知对方动机,逐步掌握主动权。

这时候的沉默,实际是"火力侦察"。

"言多必失,语多伤人","君子三缄其口",古人把缄口不言奉为安身处世之道。今天,我们亦应谨记这些古训,该沉默时一定要三缄其口。沉默,是一种态度;沉默,是一种特殊语言;沉默,也会赢得百万金。

恰当运用沉默的方式

在特定的环境中,沉默常常比论理更有说服力。我们说服别人时,最头痛的是对方什么也不说。反过来,如果劝说者保持沉默,什么也不说,被劝说者的抱怨就无处发泄了。

不同的沉默方式有不同的作用,运用时必须恰到好处。

1. 不理不睬者的沉默可让人摆脱无聊的纠缠

当你正为自己的事情忙得不可开交的时候,同事却不知趣地想跟你闲聊,或者有推销员赖着不走,或者有人请你去做你不想做的事情,对此,你可以对他们一言不发,不理不睬。过一会儿,他们见你无反应,定会知趣地走开。

2. 冷漠者的沉默能使犯错误者认真改正

有一个小学生拿了同学一件好玩的玩具,他回家后装出一副若无其事的样子，同往常一样笑吟吟地说："妈妈，我回来了！姐，我饿了。怎么了？"没人回答。"我没做错事啊！"还是没人回答。妈妈眼睛瞪着他，姐姐背对着他，全家都冷冰冰地对待他。他终于不攻自破了："妈、姐，我错了……"

3. 毫无表情者的沉默能让人深思

有些人发表意见时态度很积极，但不免有些偏颇，令人难以接受。若直截了当地驳回，易挫伤其积极性，若循循诱导又费时，精力也不允许，最好的办法便是毫无表情的沉默。他说什么，你尽管听，什么也不说，等他说够了，告辞时，再用适当的不带任何观点的语言和他告别："好吧！"或"你再想想。"别的什么也不用说。这样，他回去后定然要他细考虑：今天谈得对不对？对方为什么不表态？自己错在哪里？也许他会向别人请教，或许他自己就会悟出原因。

4. 转移话题者的沉默能使人识趣知趣

对要回答的问题保持沉默，而选准时机谈大家都热衷的热门话题，使对方无法插入自己的话题，此人就会从谈话中悟出道理，检讨自己。

5. 信心坚定者的沉默能使人信服

某领导有一次交代属下办一件较难完成的工作，当然，他能胜任。交代之后,对方讲起了"价钱"。于是该领导保持沉默,连哼也不哼。困难如何大,条件如何差,时间如何紧……",说着说着他就不说了。最后他说了一句:"好,我一定完成。"

沉默是金,有时沉默不语能够出奇制胜,有时滔滔不绝,反而有理说不清。

第十章

巧设玄机，瞬间掌握他人心理的问话术

探路式提问，消除对方的"警戒心"

生活中，当我们与某人第一次见面时，不管有多想了解对方，一定不能忽视问话禁语的问题，要耐下心来慢慢诉说。

第一次见面，不管出于怎样的目的，总希望尽可能多地了解对方，一个又一个的问题就这样问了出来。殊不知，这样的问话方式会给对方造成不适之感，对方对你本就不熟悉，戒心会更重。最开始问话的一方往往觉察不到这种迹象，直到对方表现出明显的回避与提防的情形时，问话方才不得不就自己的问话做一番解释。于是疑云消散，双方的交谈才逐渐融洽。但是，如果在对话的最开始就先讲明自己询问某些事的原因，交流的效果会更好。

小超是动漫爱好者，最近又迷上飞机模型的制作，经人介绍认识了一个叫赵彦的模型制作高手，两人一见面就谈了起来。

小超："听说你是这方面的行家？"

赵彦:"也不算吧,只是喜欢玩而已。"

小超:"你做这个多少年了?听说这行里的一些人很神秘,之前都是专门设计飞机的。飞机的原理是不是很复杂?有没有什么有意思的事透露一下?"

听了小超的这几句话,赵彦的面部表情突然严肃了起来。

"你问这些干什么?我不知道。"

感到对方有明显的抵触心理,小超连忙说道:

"不好意思,我解释一下,我之所以问你飞机原理的事,是因为我最近在学着做飞机模型,我朋友没跟你说?"

赵彦摇摇头:"他只说你想认识我一下,没说具体是什么原因。"

"噢,那就是我的不对了,我应该提前告诉你我那么问的原因。除了飞机原理,我还想知道咱们国内飞机模型的制作状况,经费啊、材料源啊,等等,毕竟我刚接触这个,这方面的知识还非常缺乏,可以吗?"

"当然啊。你一解释我就明白了,不然一见面就问我飞机原理什么的,我感到很奇怪。"

"哈哈,我的错,我的错。"

小超就犯了只顾问而没有解释的错误。他的问题让对方疑虑重重,甚至因为问题的敏感性而怀疑他。因为有这样的想法,对方的心就会更加提防,而交流自然更是无法畅通。在这个过程中,对方有很强的戒备心理,没有把小超当真正的朋

友，而小超那样问，也是因为没读懂对方的心理。

不熟悉的人相见，认知总需要一个过程，切不可因为想急切了解某些问题而忽视了思想"互通有无"的过程。简而言之，就是让对方对你说话的目的有个大概的了解，让他心中有数，他才会对你的问题予以解答。

小超一开始直截了当地问，到后来对问话予以解释，就是感觉到了对方内心的变化：由陌生到抵触，不解释对方可能更加防备，这样发展下去双方很可能是不欢而散。小超热情四溢，对方却一直保持冷漠。

所以，生活中，当我们与某人第一次见面时，不管有多想了解对方，一定不能忽视问话禁语的问题，要耐下心来慢慢诉说。尤其要注意的是，在提到一些敏感的问题之前做出必要的解释，跟对方说明自己这样问的意图。这样才能让他最大限度地敞开心扉说出自己的想法，你也会更加了解这个人。

设置心理"陷阱"，由浅及深问到底

人与人相遇，并不是无话可聊，而是没有找到适合双方的话题。找到这样的话题常常需要一个试探的过程，而要想经历这个过程，就要有锲而不舍的精神，不能因为一两次的受阻就不再问下去。问得越深、越广，就越有可能找到谈资。

在某些沉闷的环境里，没有人愿意开口跟陌生人说一句话，那是出于一种防备心理，在这种时候该怎么办呢？你也要一直沉闷下去吗？

假如你正坐在火车上，已经坐了很久，而前面还有很长很长的路程。你想与他人讲讲话，而且要尽力使你的谈话显得有趣和富有吸引力。你该怎么做呢？

坐在你旁边的人像是一个有趣的家伙，而你颇想知道他的底细，于是你便搭讪道：

"真是一段又长又讨厌的旅程，你是否也有这种感觉？"

"是的，真讨厌。"

他回答着，而且语调中包含着不耐烦。

"若看看一路上的稻田，倒会使人高兴起来。在稻谷收获之前的一两个月，那一定更有趣吧。"

"哦！哦！"他含糊地答应着。

这时，如果你再也没有勇气问下去，你们的谈话就会到此为止，沉默就会继续。但如果你不再只是问一些表面问题，而是换一个稍微深入的，能引起他兴趣的话题，对方可能就不再沉默了。

"今天天气真好啊，真是适合踢球。今年秋天有好几个大学的球队都很出色，你对这件事有关注吗？"

这时，那位坐在你身旁的乘客直起身来。

"你看理工大学球队怎么样？"他问。

"理工大学球队很好，虽然有几个老将已经离队，但那几位新人都很不错，对这个球队你也关注？"

"嗯，是的，你曾听说过一个叫李小宁的队员吗？"他急着问。

或许李小宁这个人你听说过，或许没听说过。这都不是关键，关键是李小宁这个人能引发对方的谈话兴趣。你就可以顺着他的话说："他是一个强壮有力、有技巧而且品行很好的青年。理工大学球队如果少了这位球员，恐怕实力将会大减。但是李小宁毕业了，以后这个队如何还很难说。怎么，你认识他？"

这位乘客听了这话便兴高采烈、滔滔不绝地谈了起来。

面对陌生人的时候，为了迅速打开话匣子，可采用以下几种方法：

1. 从对方的口音找话题

对方的口音可以告诉我们他大概的出生地或者居住过的地方，从此处入手，可询问相关的风土人情、著名人物等问题，激发对方的谈话欲望。

2. 从与对方相关的物品找话题

对方携带的东西通常跟他的兴趣和爱好有关，从此处入手，更容易打开对方的话匣子。如果对方拿着一本体育杂志在看，一句"你很喜欢体育吧"，就会让双方的距离瞬间缩短很多。

3. 从对方的衣着打扮找话题

一个人的穿着常常反映他的品位，如果从他衣服的品牌开始交谈，沟通或许会更加融洽。

提问环环相扣，让其退无可退

主动抛出问题，就会打乱对方的心理节奏，让他自乱阵脚，自己也会逐渐在对话中占据优势。

小董是一家公司的业务员，刚上班不久就被派到外地去收欠款。欠钱的是一家实力不弱的公司。临去之前，小董还特意调查了对方的情况：实力雄厚，老板为人正直。小董想，之所以钱一直要不回来可能因为是旧账的缘故，业务员换了好几个，程序都接不上了，这次他好好跟对方说说，应该没什么大问题。但是，直到他见到那个老板，小董才知道，他把事情想得太简单了。

小董："您好，您是这家公司的老板吧？我是××公司的业务员，我是为那笔旧账来的，您应该知道吧？"

那人一听，眉毛一横。

"旧账？什么旧账？我从来不欠人家什么。"

没想到对方会抵赖，小董就拿出了账单，说：

"要不您看看？我说得没有错，不然会来麻烦您吗？"

那人看都不看就把账单扔到一边。

"什么账单？我不看，别浪费我时间了。"

小董一看，对方确实不好对付。不能再任由他这样下去了。他不认账，小董就主动问。

"你赖账也罢不赖账也罢。白纸黑字都在这写着呢，2005年20万块钱的货是怎么回事？一个叫李明的业务员从我们公司拉了货就离开了，说过几天就给钱，这都过了多少天了？钱呢？你可能会说你们公司没这个人，告诉你吧，来之前我都打过电话核实了，人还在你们公司里，哪个部门我都知道。"

"胡扯，根本没有这事。"

"还想抵赖，2005年6月还有一笔货款没结，也说过几天结。我们觉得是老客户就没追着催，这账单上都写着，上边还有你的签字和指纹，你不会说这些也是假的吧？"

"哪儿有签字？哪儿有指纹？"那人嚷着要抢账单，小董赶紧躲开了。

"来之前我已经想好了，能自己解决就自己解决，不能解决的直接跟相关部门汇报，你要是威胁我的人身安全，我就打110。没想到我会这么做吧？还想一直赖下去吗？"

之前一直非常嚣张的欠债人听到小董要报告相关部门，突然紧张得一句话也说不出来。如果被处罚，公司的损失肯定会非常大，在整个业界的声誉也会非常坏。想到这里，那人就软了下来。

"年轻人，不要冲动嘛，有事好说，我也是小本经营啊。"

"既然知道做生意不容易，为什么还要为难我们？非得让我这样您才满意？"

"好，好，我还你们欠款，今天就办。"

当遇到蛮横的人的时候应该怎么办呢？当这个蛮横的人又恰好欠了你东西就是不还的时候，又该怎样处理？相信，这样的问题让很多人都很挠头。但是，他是一贯强硬呢还是欺软怕硬呢？

小董开始本想用和风细雨的方式让对方还钱，他想在循循善诱间让对方明白欠债要还的道理。对方提一个问题自己就回答一个。渐渐地，小董察觉到对方一直在用这种方法抵赖，而他的蛮横也让小董明白软弱被人欺。他就决定主动出击，在对方发问或者躲避之前将问题——抛出，让他没有退路。同时，在气势上压倒他。

直到小董说会将欠债的事上报上级领导，质问对方怕不怕，欠债方才彻底服软，先前的嚣张气焰不见了踪影，取而代之的是配合。小董问到了对方的痛处和畏惧的地方，他当然只能"束手就擒"了。试想一下，如果小董不问这样一个问题，对方可能会一直抵赖下去，心理上一直保持强势状态。主动抛出问题，就会打乱对方的心理节奏，让他自乱阵脚，自己也会逐渐在对话中占据优势。

有些人的强大是装出来的，为了满足自己的私欲用假象迷惑别人，外强中干。这样的人，通过外在并不能看出什么端倪，只有通过交谈，才能知道他的强大到底是实还是虚。而最佳的交流方式之一，就是先将存在的问题抛出，而不是被动地接受提问。

主动抛出问题代表一种强烈的寻求掌控权的思维模式，只有有了掌控权和话语权，对方的思想才能渐渐被你掌握。掌握了一个人的思想，他的心思还会无法看透吗？

好话能催眠，先寒暄再提问

生活中，不管是亲戚还是其他有紧密关系的人，一旦要麻烦他为自己办事，就可学着嘴甜一点，腿勤一点，多给对方一种被关心、被呵护的感觉，他自然而然会给你提供帮助的。

李凌今年27岁了，能力很强，做过几年生意，小赚了一笔。但他不满足，总觉得做个大点的生意才过瘾。刚好村里的鱼塘要对外承包，他有心把池塘承包下来，只是手头上的资金不够。

他左思右想，想到了他的一个远房亲戚，是他母亲的表弟，按辈分应该叫老舅，在县城承包了一个企业，经营得不错，是县城有名的"土财主"。可是李凌想到自己与他关系疏远，好长时间没有走动了，贸然前去，显得唐突不说，事情还肯定办不了。怎么办呢？他决定先把关系搞好，和这位老舅亲近起来。他打听到这几天老舅身体不太好，时常犯病，就看准时机，拎了一大包的滋补品，来到老舅家。

"老舅啊，有些日子没来看您了，您老人家怎么病了啊？年纪大了，可要多注意身体，别太操劳了。今天给您带了些东西过来，补补身子，您不会嫌少吧？"

李凌非常热情地说着，并把东西放到老舅的桌子上。

俗话说："礼多人不怪。"虽说两家好长时间不走动了，但今天外甥拎了那么多的东西上门，而且是在自己生病的时候，这位老舅心里格外高兴。

"小子，你今天能过来，老舅我别提多高兴了。今天中午咱俩喝两杯。"

于是，李凌就留下热闹了一番。

自此，两家关系好了起来。以后李凌隔三岔五地来看他老舅。不是问他身体怎么样，就是问他最近想吃什么，面面俱到。看到李凌这么关心自己，老舅也非常高兴，视李凌如亲生儿子一般。李凌一看时机成熟了，便拎了两瓶酒到了老舅那里，两人喝了起来。

李凌说："老舅，上次我给你买的补品吃完了吗？吃完的话我再给你买。"

"不用了，太破费了，还有好多没吃呢。孩子，我看出来了，你对老舅不错，我是你长辈，往后有什么困难尽管和我开口。"

李凌一听，激动万分，连忙把承包鱼塘的事情说了。

老舅听了之后说："好啊，有志气，有魄力，老舅大力支持……做人就应该干一番事业。想法很好，不过具体做时一定要慎重，年轻人千万不能急躁。"

李凌连忙点头称是，接着把资金短缺的事情也说了出来。最后，李凌顺利地从老舅手里借到了3万元并承包了鱼塘。

李凌想承包鱼塘开创一番事业，但是缺少资金。就在不知如何是好的时候，他想到了自己的老舅。老舅家底殷实，可以在资金上给予支持。但李凌明白一个道理，即使是亲戚，求对方办事的时候也要注意方法，不能想当然，要懂得适时给予回报。

为了和老舅搞好关系，李凌开始频繁地出入他家，关心他的身体，关心他的方方面面，还给他买各种补品。在这个过程中，原本有些疏远的两个人慢慢亲近，有了这些铺垫，李凌才开口求舅舅办事。

现在的很多人与亲戚交往时，存在着一种误区，那就是：亲戚关系是一种血缘、亲情关系，彼此都是一家人，互相帮忙办事都是应该的，没必要像跟其他人那样客套。其实，这种想法是不对的。亲戚之间虽说是"割断了骨头连着筋"，但亲情的维护与保持也在于彼此之间的相互帮助。

所以，在故事中，看见李凌这么关心自己，他的舅舅非常高兴，尤其是李凌对其嘘寒问暖的时候，他的心里也暖暖的。猜想一下，即使舅舅知道李凌是为了让自己帮他才这么做的，也会心甘情愿的。明白事理的孩子总是招人喜欢的。人毕竟是感情动物，也是听觉动物，听到别人关心自己的生活起居，就会有一种感动油然而生。对方有了这种感觉，自己办事就会容易许多。

第十一章

自我伪装术：用语言装饰自己，精装和毛坯的感觉截然不同

说话要扬己之长，避己之短

平时说话要懂得扬长避短的道理，多说一些自己的长处，少说一些自己的短处。

古人云："梅须逊雪三分白，雪却输梅一段香。"在常人的眼睛里，每个人或多或少总会在某方面存在一定的缺陷，就算是伟人也毫不例外：拿破仑矮小，林肯丑陋，罗斯福曾患脊髓灰质炎，而这些都没有影响他们极其辉煌的一生。

瑞士银行中国区主席兼总裁李一，在1988年去美国迈阿密大学留学时，学的是体育管理专业。他发现那是"富人玩的游戏"，于是在离毕业还有半年时毅然报考了沃顿商学院。

美国沃顿商学院是世界首屈一指的商学院，李一考得并不轻松，前后面试了三次，仍没结果。最后一次面试，他干脆在

考场上直截了当地问主考官:"如果我没有被录取,最可能的原因是什么?"

"很可能是因为你没有工作经验。在美国,商学院录取的前提条件是要有商务工作经验。"

李一做出的反应不是承认自己的不足,或者承诺如何改变自己的缺点,而是立刻反驳:"按你们的招生材料所说,沃顿作为世界最优秀的商学院,肩负着培养未来商务领袖的重任。但世界各国发展很不平衡,如果按你们现在的做法,在商务成熟的国家招生特别多,在中国这样的发展中国家可能一个也不招,这跟沃顿商学院的办学宗旨是矛盾的。"

出人意料的是,李一的反驳得到了主考官的欣赏。面试结束后,招生办主席秘书给李一打了一个电话:"主席对你的印象特别好,说你很自信,与众不同。"后来,在当年52个申请该校的中国学生当中,李一成为唯一被录取的。

李一用自信赢得了考官的欣赏,为自己铺垫了人生道路上的一块重要基石,更重要的是,他战

胜了自己,他扬长避短,主动出击。著名管理学家德鲁克博士曾在1999年的《哈佛商业评论》中发表观点:对于一个集体,需要克服的是"短板定理";而对于一个人,发挥自己的长处,比努力去补齐短板更为重要。

我们都知道田忌赛马的故事,对手的每一匹马都有一定的优势。但没有关系,不需要补齐短板,只需要进行以长击短的顺序调整,让上等马对中等马,中等马对下等马,下等马对上等马,就能获得完全不同的结局。

其实,每个人都有自己的可取之处。你也许不如同事长得漂亮,但你却有一双灵巧的手,能做出各种可爱的小工艺品;你现在的工资可能没有大学同学的高,不过你的发展前途却比他的广阔。这并不是一种吃不到葡萄就说葡萄酸的心理,因为世界这么大,永远没有绝对的好,只有相对的好,永远没有绝对的失败,只有相对的成功。

这世界上的路有千万条,但最难找的就是适合自己的那条路。每一个人都应该根据自己的特长来选择自己的路,量力而行,根据自己的环境、条件、才能、素质、兴趣等确定发展方向。不要埋怨环境与条件,应努力寻找有利条件,不能坐等机会,要自己创造机会,拿出成果来。获得了社会的承认,事情就会好办一些。每个人都应该尽力找到自己的最佳位置,找准属于自己的人生跑道。当你的事业受挫了,不必灰心也不必丧气,相信坚强的信念定能点亮成功的灯盏。

每个人都有自己的特质和特长，所以不要怀疑自己，更不要轻易地否定自己，要认清自己的优势与弱点。如果你身上有暂时或是永远无法补齐的"短板"，那么就吸引别人注意你身上的闪光之处。每个人都有自己的闪光点，只要你善于利用，就能扬长避短，形成制胜的优势。

让别人折服于你的语言魅力

顺着人心说话，效果可以事半功倍。顺着人心说话能让你凭借三寸不烂之舌征服别人，让别人叹服于你的语言魅力。

一般来说，一个人的性格往往通过自身的言谈举止、表情等流露出来。快言快语、举止简洁、眼神犀利、情绪易冲动的人，往往是性格急躁的人；直率热情、活泼好动、反应迅速、喜欢交往的人，往往是性格开朗的人；表情细腻、眼神坚定、说话慢条斯理、举止注意分寸的人，往往是性格稳重的人；不苟言笑、喜欢独处、不善交往的人，往往是性格孤僻的人；口出狂言、自吹自擂、好为人师的人，往往是骄傲自负的人；懂礼貌、讲信义、实事求是、心平气和、尊重别人的人，往往是谦虚谨慎的人。当我们面对不同性格的谈话对象时，一定要认真分析，区别对待。

不过，这并不是要你做一个没有自我的人，如果你真的如此，那你就成为别人的影子了。"顺着人心"只是方法，而不是目的，如果你能熟练地运用这个方法，别人就会在不知不觉之中受到你的影响，甚至接受你的意见。那么，如何顺着人心说话呢？

1. 倾听

很多人都有表现欲，如果他在社会上已有一些成就，更有不可抑制的表现欲。当他滔滔不绝的时候，你就做一个倾听者。一则，你的倾听可以满足对方的表现欲，他一满足，对你就不会有坏印象；二则，你可在倾听中了解他的个性和观念。然后，你要顺着他的谈话发出"赞同声"，还可以在恰当的时机提出一些问题让对方说明。如果你这样做了，便能赢得对方的好感，甚至会让对方更加相信你。

2. 不要辩论

如果对方说的话你不同意，你也不要进行辩驳。即使你们是好朋友，也不宜轻易和他辩论，因为有些事情并不能辩明白，而且很可能越辩越生气，最后不欢而散。如果你辩倒对方，那更有可能影响你们的关系！

3. 称赞

喜欢赞美是人类的天性，其实赞美也是一种爱抚。赞美什么呢？你可以赞美他的观念、见解、才能、家庭……反正对方有可能引以为荣的事情都可以赞美，话虽不多，效果却非常惊人。

诸葛亮对关羽便采取此法。马超归顺刘备之后，关羽提出要与马超比武。为了避免二虎相斗，诸葛亮给关羽写了一封信：我听说关将军想与马超比武。依我看来，马超虽然英勇过人，但只能与翼德并驾齐驱，怎么能与你美髯公相提并论呢？再说将军身负镇守荆州的重任，如果你离开了，造成了损失，罪过有多大啊！关羽看了信以后，打消了入川比武的念头。

4. 引导

这是最重要的方法，在与人协商时，尤其需要使用"引导"这一招。也就是说，你要在对方已经满足时，再把你的意思表现出来，但你还是要顺着人心，不要让对方感到不快，例如,你应该说"我很赞同你的观点,不过……"或"你的立场我能了解,可是……",先站在对方的立场上分析问题,再提出自己的观点,把对方的意志引到你希望的地方去。

这样的方法可以用于平时与人相处,可以用于说服别人,也可以用于领导下属,效果可说是事半功倍。

打好圆场,不做冷场王

巧妙地说话,其实就是打好圆场。想要事事有个圆满的收场,就得锻炼自己的口才,提高自己的"语商"。

不管做什么事情,我们都渴望能有个圆满的收场,这就需要我们平时多多读书,多多磨炼,头脑充实,机智敏捷,反应灵活,并且持之以恒。与此同时,还要注意培养超强的表达能力,以及逻辑思维与语言素养。

有一个销售员在一家百货商店前推销他那些"折不断的"梳子。为了消除围观者的怀疑,他捏着一把梳子的两端使它弯曲起来。突然间,那把梳子啪的一下断了,销售员顿时惊得目瞪口呆。这个时候,只见他把它高高地举了起来,对围观的人群说:"女士们,先生们,这就是梳子内部的样子。"

如果一个人平时总是思考如何应付复杂的局面和突发情况,"临战"时自然不会仓促和不知所措。

有一个卖瓦盆的人,为了能够早点把瓦盆卖出去,便当着顾客的面用烟袋锅子敲了起来。他边敲边喊："听这瓦盆啥响声啊！"可是，令他意想不到的是瓦盆被敲破了。旁边看热闹的人忍不住笑出了声。他忙指着瓦片对身边的人说："你们看这瓦茬子，棱是棱，角是角，烧得多好呀。"

参加面试时，主考官所问的问题并不一定有什么标准答案，只要能自圆其说便算是成功。

有一个年轻的小伙子来面试，主考官问了一个问题："你为什么要离开现在的企业。"

他回答："在那家企业没有前途。"

"那么怎么样才算有前途？"主考官接着问。

"企业蒸蒸日上，个人才能得到不断提高和发展。"

"你们公司的产品在市场上的占有率名列前茅，员工收入也很高，这是有口皆碑的，怎么能说在这个企业没有前途呢？"

这位求职者被问倒了，为什么会出现这种情况呢？那是因为他不清楚随着谈话的不断深入，他先前的论点将无法成立，这样就不能自圆其说了。

我们常常会遇到这样的提问，"你最大的优点是什么"和"你最大的缺点是什么"。这两个问题看起来很简单，可是要回答好却不是一件容易的事情，因为接下来主考官有可能会问："你的这些优点对你的工作有什么帮助？你的这些缺点会对你的工作带来什么影响？"然后还可能层层深入，"乘胜追击"，求职者是很容易陷入不能自圆其说的尴尬境地的。几乎所有的面试问题都有可能被主考官深化和挖掘,所以在回答问题之前一定要先考虑周到,然后再给予回答,这样才不至于使自己陷入被动的局面之中。

在日常生活中,我们不需要自夸,但在某些场景中,需要好好运用自己的口才,把话说得巧妙高超。

学会保持神秘感

如果你渴望在社会交往中,保持良好的人际关系,得到更多人的仰慕,那么就要掌握与人保持适度距离的技巧。保持适当的神秘感,会让你更有吸引力。

人们总说,得不到的东西是最好的。在没有得到之前,总有丰富的想象空间和追逐目标的快乐过程。如狮子般的人一旦与人亲近,便失去了威严。这就是重要人物总是为保持神秘感,减少在公众场合的露脸次数的原因。所以保持适当的神秘感,会让你更有吸引力。

有一种情况最适用于恋爱中的人。心理学中有一种升值规律,即越是得不到的东西,越是朝思暮想。两个刚认识不久的人一定会非常迫切地希望知道对方的事情,尽管这是理所当然的愿望,却也会造成不利局面。对方一旦了解你的全部事情,对你的兴趣就可能会大幅度减少,因此,要使每次约会都有新鲜感并使他对你持续抱有兴趣,一定要在恋爱期间保有一点神秘感。

你不要说太多关于自己的事情，如果从自己出生开始到现在的一切，你都对他说得一清二楚，那你对他而言就根本没有神秘感可言。因此，若提到自己的事也要坚持不说某些话题，留出一定空间。

保持神秘感，并不是指拉远距离，隔着十米远说话。保持神秘感，就是要注意保持合适的距离。

一位心理学家做过这样一个实验。在一个刚刚开门的大阅览室里，里面只来了一位读者，心理学家走进去，拿椅子坐在他的旁边。实验进行了整整80次。结果证明，在一个只有两位读者的空旷的阅览室里，没有一个人能够忍受陌生人紧挨着自己坐下。这个实验说明了人与人之间需要保持一定的空间距离。任何一个人都需要一个可以自己把握的空间，它就像一个无形的气泡一样为自己割据了一定的领域。而这个自我空间被人侵犯就会感到不舒服，不安全，甚至会恼怒起来。

我们看到，这样的距离是让人不能承受的，它侵犯了人们的私密空间。专家提醒我们保持正常的交往范围。

亲密距离：近距离是15厘米之内，远距离是15至44厘米。这是人际交往中的最小距离，即我们常说的"亲密无间"，彼此间可能会肌肤相触，耳鬓厮磨，以至相互能感受到对方的体温、气味和气息。远距离身体上的接触可能表现为挽臂执手，促膝谈心，仍可体现出双方亲密友好的人际关系。

个人距离：近距离是46至76厘米至远距离是76至122厘米。这是人际间隔上稍有分寸感的距离，双方有较少的身体接触，但能相互亲切握手，友好交谈，这是与熟人交往的距离。

社交距离：近距离为1.2至2.1米，远范围为2.1至3.7米。这个距离体现出一种社交上或礼节上的较正式关系。一般在工作环境中和社交聚会上，人们都保持较近的距离。不同的情境、不同的关系有不同的人际交往距离。距离与社交情境、人际关系不相对应，会导致人们出现明显的心理不适感。

公众距离：近距离3.7至7.6米，远距离在7米之外。这是公开演说时演说者与听众所保持的距离。这是一个几乎能容纳一切人的开放的空间，人们完全可以对处于空间的其他人视而不见，不予交往。这个空间的交往大多是当众演讲之类，当演讲者试图与一个特定的听众交流时，他必须走下讲台，使两个人的距离缩短为个人距离或社交距离，才能够实现有效沟通。

如果你在保持良好的人际关系的同时，想要得到更多人的目光，那么就要掌握与人保持适度距离的技巧。距离产生的神秘光环一定会让你更具吸引力。

第十二章

巧妙说"不",别让不好意思害了你

面对非分要求,诙谐言语防尴尬

用幽默的方法拒绝别人,既可以缓解紧张的氛围,又不会影响彼此的友谊。

玛丽抱怨她的丈夫说:"你看邻居W先生,每次出门都要吻他的妻子,你就不能做到这一点吗?"

丈夫说:"当然可以,不过我目前跟W太太还不太熟。"

玛丽的本意是要她的丈夫在每次出门前吻自己,而丈夫却有意地曲解为让他吻W太太,委婉地表达了自己不愿意那样做的本意。

直接拒绝别人很容易伤害对方,甚至造成许多误解,破坏彼此间的友谊。但是,利用幽默巧妙拒绝,却能使很多问题迎刃而解。

有位员工代表同老板谈加薪的问题,并使出了眼泪战术,苦苦哀求道:"老板,请你一定要帮帮忙,现在这点薪水我实在无法和我太太继续生活下去呀!"

上司回答说:"好吧!那么我会出面来说服你太太,要她跟你离婚的。"

在工作当中,如果不懂得拒绝的技巧,往往会吃亏上当。下面的例子很有借鉴意义。

大个子瑞克是一位被公司冷落的老主任。有一天,某部门经理拍着他的肩膀说:"瑞克,你看是不是早日把你的职位让给年轻人!"

"好啊!就这么办!"

"你愿意?"

"是啊!不过俗话说,'鸟去不浊池',所以我有一个请求,希望能让我把正在进行的工作完成再走。"

"哦!这是理所当然的。不过,你那个工作预计什么时候可以完成呢?"

"我想,大概还要10年。"

在拒绝别人时,采用幽默的方式不但不会伤害到对方,还可以避免不必要的尴尬。

巧妙运用"客观理由"进行拒绝

从对方的利益出发,掌握好说"不"的分寸和技巧,给对方一个能够接受的、不会伤害对方的理由十分重要。

随着社会的发展,人与人之间的交往越来越密切,也越来越复杂。其实，我们每个人都希望得到他人的关注与理解。因此在职场上，我们要学会理解他人，把握好处理事情的分寸，尤其是在我们因为各种原因而不能配合对方时，一定要从对方的利益出发，说好理由。

例如，在办公室里，你在拒绝别人请求时，如只是说"我很忙"，对方则会认为你不爱帮助别人。所以，拒绝别人时，要具体地说明一下理由。

再如，你正忙着整理第二天重要会议的资料时，你的上司走过来对你说："先处理这份文件。"

这时，你可以明确地告诉他自己正在为第二天的重要会议准备资料，然后让上司判断哪项工作更加紧急。

"是这样啊！你正在做的工作不尽快完成可不行，我的这份之后再弄。"

每个人都会有需要别人施以援手的时候。有时因为条件不允许，我们不得不去拒绝别人，这时可以采取适当的拒绝方式，最大限度地避免因为拒绝而树敌。

经常有人会说出这样的话："这件事情恕难照办！""我们每天都一样工作，凭什么要我帮你的忙？"……

如果你听到些话，会是什么反应呢？你会很高兴很客气地说"既然如此，那我就不打扰你了，对不起"吗？恐怕不会吧。你一定会恼羞成怒地回击对方："你这个人讲话怎么如此无情！"然后拂袖而去。

一般情况下，我们在拒绝别人的时候要注意以下几点：

1. 积极地倾听

当你拒绝别人的请求时，不要随口就说出自己的想法。过分急切的拒绝最容易引起对方的反感，应该耐心地听完对方的话，并真正弄懂对方的理由和要求，让对方了解到自己的拒绝不是草率做出的，是在认真考虑之后不得已而为之的。

2. 用和蔼的态度拒绝对方

不要以一种高高在上的态度拒绝对方的要求，不要对他人的请求流露出不快的神色，更不要蔑视或忽略对方，这都是没有修养的具体表现，会让对方觉得你的拒绝是因为对他抱有成见，从而对你的拒绝产生逆反心理。拒绝对方要保持和蔼的态度，要真诚。

3. 明白地告诉对方你需要考虑的时间

我们经常碍于面子不愿意当面拒绝他人的请求,而是以"需要考虑"为借口来避免直接拒绝对方。其实希望通过拖延时间使对方知难而退,这是错误的。如果不愿意立刻当面拒绝,应该明确告知对方需要考虑的时间,表示自己的诚意。

4. 用抱歉的话语来缓和对方的情绪

对于他人的请求,表示出无能为力,或迫于情势而不得不拒绝时,一定记得加上"实在对不起""请您原谅"等抱歉用语,这样,便能不同程度地减轻对方因遭拒绝而受的打击,舒缓对方的挫折感和对立情绪。

5. 说明拒绝的理由

在拒绝他人的请求时,不要想着只用一个"不"字就让对方"打道回府",而应给"不"加上合情合理的注解,以使对方明白,自己的拒绝并非是毫无理由,而是确有苦衷。

真诚地说出你拒绝的理由是非常必要的,它有助于你们维持原有的友好关系。

6. 提出取代的办法

当你拒绝别人时,肯定会影响他计划的正常进行,甚至使他的计划搁浅。如果你能给他提供一些建设性的意见,则能减轻对方的挫折感和对你的不满心理。

7. 对事不对人

你要想方设法地让对方知道你拒绝的是他的请求，而不是他这个人。

总而言之，成功地拒绝别人的请求不仅可以节省自己的时间和精力，还可以免除由不情愿行为所带来的心理压力。但前提是，拒绝时必须不损害对方的利益。

知己知彼，理由才能更充分

要想说出让对方心服口服的理由，要先了解对方，根据对方的脾性说出合理的能让对方接受的理由。

什么样的理由才能够让对方欣然接受呢？如果你对对方不够了解的话，显然你很难说出充分理由。

应先了解对方的一些经历及生活状况。思维方式不同，人的观念也不同，因此，要了解他的人生观、价值观。

必须注意对方的心境。在交谈当中，如果不顾对方的心理变化，而一味地将想法统统搬出来，那么，你是得不到他的认同的。一厢情愿的谈话往往会让对方厌恶。

不该说话的时候说了，则犯了急躁的毛病；该说话的时候却没有说，就会失掉说话的时机。不看对方的态度便贸然开口，叫作"闭着眼睛说瞎话"。在交谈过程中应兼顾对方的心理活动，使谈话内容和听者的心境变化同步，这样才能引起共鸣。

性格外向的人易喜形于色，可以和他侃侃而谈；性格内向的人多半沉默寡言，与其交往时则应语言委婉、循循善诱。

拒绝要真诚，不能让人感觉你敷衍了事

当你不得不拒绝别人时，要想好一些真诚的理由，让别人从心底里觉得的确是你能力有限从而不得不拒绝。

拒绝总是会让人感到不愉快。委婉拒绝无非是为了减轻双方，特别是对方的心理负担。例如，上司拒绝下属的要求时，不能盛气凌人，要以关怀的态度、关切的口吻讲述理由，使之心服口服。在结束交谈时，一定要表示歉意。一次成功的拒绝，也可能为将来的重新握手，更深层次的交往播下希望的种子。

从事销售的小刘遇上一位工作狂的上司，很多同事都因此而"逃离"了，而她却始终保持极佳的工作状态。她是怎么做的呢？

小刘说："一开始我也像他们一样以办公室为家，日日伏案工作，在我的字典里'休息'这个词似乎早就不存在了。后来我发现，工作狂的老板通常有一个思维定式：他们一般不会考虑自己分配下去的任务量有多少，下属需要花费多长时间可以搞定，他们想当然地认为你应该没问题。所以，以后如果我觉得工作量过大，超出了个人所能承受的范畴时，我不会一味在工作中蛮干，要知道，不说出来的话，工作狂的老板是不会体会到你的负荷已经到了临界点。这也不能怪他，每个人的承受能力不同，老板又如何能体会到下属执行过程中的难度与苦衷？这个时候，下属应该主动与老板沟通交流。口头上陈述困难或许有故意推托之嫌，可以

书面呈送工作安排与流程，靠数据来说明工作过多，让他相信，过多的工作会造成效率降低。合理的沟通会令老板了解你的需求，从而适当调整任务量及完成时间，或选派更多的同事来帮你分担。"

　　试想一下，如果小刘怕得罪上司而勉强接受所有任务，到时完不成任务更会受到上司的指责；如果因为自己不事先说明难度，最后又耽误公司整体进度，责任就更大了。这种坦诚拒绝的方法不仅适用于上司，也适用于周围的同事。当然，坦诚拒绝也要讲究方式。

　　当别人向你提出请求时，一定会担心你会马上拒绝自己，并感到不安。所以，在你决定拒绝之前，首先要注意倾听对方

诉说。比较好的办法是,请对方把处境与需要讲得更清楚一些,这样,自己才知道如何帮他。

倾听能够让对方感受到你的尊重和真诚,而委婉地向对方表达自己的拒绝,可以避免使双方的感情受到严重的伤害。

倾听的另一个好处是,你虽然拒绝他,却可以针对他的情况,建议如何取得适当的帮助。若是能提出有效的建议或替代方案,对方一样会感激你,甚至在你的指引下找到更适当的解决方案。

直接的拒绝只会伤害彼此的感情,而委婉地说"不"却更容易让人接受。当你仔细倾听了别人的要求,并认为自己应该拒绝的时候,说"不"的态度必须是温和而坚定的。

例如,当对方提出的要求不符合公司或部门的规定时,你就要委婉地让对方知道自己帮不了这个忙,因为这违反了公司的相关规定。在自己工作已经排满而爱莫能助的前提下,要让他清楚地明白这一点。一般来说,同事听你这么说一定会知难而退,再想其他办法。

拒绝除了需要技巧,更需要耐心。若只是敷衍了事,这样只会伤害对方。尤其是对领导说"不"时一定要把握好时机。

"不管什么事情,只要交给安娜,我就放心了。"安娜进公司三年,这是领导常挂在嘴边的话。一开始安娜很高兴,但时间一天天过去,交给她的任务越来越多。

"安娜,这个方案你盯一下。安娜,这个客户恐怕只有你能对付。""安娜,上海的那个项目人手不够,你顶一下。"老总为某事抓狂时,必会打开房门大叫安娜。

安娜手里的事情多到了加班加点也做不完,可周围有些同事却闲得很,薪水也并不比她少多少。

安娜很气恼,回家跟丈夫抱怨。丈夫居然也说:"如果我是你们老总,我也不会升你的职。一个不懂拒绝的人,怎么去管理别人?"安娜仔细想了想,觉得这话真的很有道理。

日后,当老总给她加工作量时,安娜鼓足勇气说:"我手里有三个大项目,十个小项目,我担心时间安排不过来。"

老总一听,脸色立刻变了:"可是,这个项目只有你去做我才放心。"

"那好吧,我赶一赶。"说完这句话,安娜恨不得咬掉自己的舌头。看到老总的脸,一个大胆的提议突然冒了出来:"不过,要按时保质完成,我需要几个帮手。"安娜轻描淡写地说。

老总惊讶地看着她,继而笑着说:"我考虑一下。"

原来安娜想,如果老总答应给自己派助手,自己的工作也有人可以分担了;如果不答应,老总也不好把新任务硬塞给自己了。

果然,老总再也没提过加派新任务的事,还破天荒地经常跑来关心安娜的工作进展,并叮嘱她有困难就提出来,别累坏了身体。

有的时候，你并不需要大张旗鼓地拒绝领导，只需要摆出自己的难处，领导也不会觉得你的拒绝很过分。要拒绝领导的不合理要求，就必须告诉他你在时间或精力上的困难，让他明白你不是超人。

第十三章

没有处不好的上司，只有不会说话的下属

不要超越领导的位置

每个人都重视尊严，领导更是如此。尊重领导也是给自己机会。尊重领导，最关键的就是不要超越领导的位置，即"越位"。

在与上司的相处中，尤其在工作的时候，如果你不摆正自己的位置，即使你为上司出了力，也未必收到理想效果。既然你扮演着为人办事的角色，就应该站在自己的职位上去为上司出力，充分给予他面子和尊严，做到不越位。

越位的表现有多种，平时行事就要多加注意。

1. 决策的越位

在有的企业中，职员可以参与决策，这时就应该注意，谁做什么样的决策，是要有层级限制的。有些决策，职员可以参与意见；有些决策，职员还是不发言为妙。如果是该由老板来做的决策，你代劳了，那等于是脱了皇帝的龙袍自己穿，无视

自己的权限。

韦恩年轻干练、活泼开朗,入行没几年,职位"噌噌"地往上升,很快成为单位里的主力。几天前,新老板走马上任,下车伊始,就把韦恩叫了过去:"韦恩,你经验丰富,能力又强,这里有个新项目,你就多费心盯一盯吧!"

受到新老板的重用,韦恩欢欣鼓舞。恰好这天要去北京某周边城市谈判,韦恩一合计,一行好几个人,坐公交车不方便,人也受累,会影响谈判效果,打车吧,一辆坐不下,两辆费用又太高,还是包一辆车好,经济又实惠。

主意定了。韦恩来到老板跟前。"老板,您看,我们今天要出去……"韦恩把几种方案的利弊分析了一番,接着说,"所以呢,我决定包一辆车去!"汇报完毕,老板的脸不知道什么时候黑了下来,生硬地说:"是吗?可是我认为这个方案不太好,你们还是买票坐长途车去吧!"韦恩愣住了,他万万没想到,一个如此合情合理的建议竟然被打了"回票"。

"没道理呀!傻瓜都能看出来我的方案是最佳的!"韦恩大为不解。

如果你想要做什么样的决定,一定不要忘记自己的权限,结论应由有决策权的人提出。

2. 表态的越位

表态,是表明人们对某件事的基本态度。表态一定要结合

自己的身份。超越了自己的身份，胡乱地表态，是不负责任的表现，也是无效的。对带有实质性问题的表态，应该由领导来做或在领导授权下来做。而有的人作为下属，却没有做到这一点。

3. 干工作的越位

哪些工作由你干，哪些工作由他干，这里面有时确有几分奥妙。有的人不明白这一点，有些工作，本来由领导做更合适，他却抢先去做，从而造成干工作越位。

4. 答复问题的越位

这与表态的越位有些相同之处。有些问题的答复，往往需要有相应的职权，作为职员、下属，明明没有这种权威，却要抢先答复，会给领导造成工作上的干扰，也是不明智之举。

在工作中，"越位"对上下级关系有很大影响。下属的热情过高，表现过于积极，会导致领导偏离帅位，大权旁落，无法履行领导的职责。因此，领导往往把这视为对自己权力的严重侵犯。

对领导说话不卑不亢

有的下属唯领导马首是瞻，即使领导做错了，还佯装欢笑，卑躬屈膝，违背原则说一些子虚乌有的话。如果是非常精明的领导，这种人是很难得到重用的。因为这种人一般并没有什么真才实学，不仅很难成事，还经常会坏事。而且这些人把利益放在第一位置，现在他可以违背自己的良心说对你有"利"的话，明天也可以干出对你不利的事来。

在和领导讲话的时候既不能肉麻地拍马屁，也不能让领导感觉被压制，下不了台，即要不卑不亢。

当在领导面前处于不利境地时，如果为了迎合领导，讲了假话，那就违背了自己的良心，也未必会得到领导认可。在这个时候如果讲究点技巧，不卑不亢，既讲了真话，不违背自己的本心，又能使对方接受，岂不是一举两得。下面就有这样一个例子：

宋代有一位大臣，为官公正，为人刚正不阿。年轻时四处游学，机缘巧合，竟然认识了微服私访的当朝皇帝。皇帝心血来潮，写字、画画儿去卖，只可惜水平实在不高。这位青年告诉皇帝，他的画儿只值一两银子。皇帝听了非常不服气，但也不好发作。

第二年这位青年进京赶考，高中状元，成了天子门生。觐见皇帝时才发现，原来当年卖画儿的老兄竟然是皇帝，皇帝也认出了他。皇帝屏退左右，只将他留了下来，拿出当年他口中只值一两银子的那幅画，问道："卿家认为这幅画价值几何？"

这位大臣赶紧前进一步说道："这幅画如果是陛下送给微臣的，那就价值万金，因为无论陛下送的是何物，对微臣来说都是无价之宝。但如果拿去卖的话，这幅画就值一两银子。"

皇帝听了，不禁拍掌大笑，知道自己获得了一位才学渊博、品行端正的忠心之士。

这位大臣并没违背自己的本心，而是讲了真话，这种不卑不亢的巧妙表达，也使皇帝觉得在理，因而也非常高兴。

不卑不亢只是一种说话手段，运用它的关键是理直而气壮，只有在领导面前大胆地说出应该说的话，才能不至于弄巧成拙，违背初心。

拒绝老板有技巧

任何事情有其结果，必有其起因。当老板的意见不正确，需要你拒绝的时候，一定要提出你拒绝的合理理由。

平白无故地拒绝老板的意见或者老板要你做的事情，如果不说出理由，是极端不礼貌的行为。

在拒绝老板的时候，要注意以下几点：

1. 态度要明确

当老板有了指示或者命令的时候，如果你持不赞同的观点，不要明确地表示拒绝，不要直接地说出"行"或者"不行"，要持有一种保留的态度。持有保留的态度可以避免引起老板的不快。

你的最终目的还是要拒绝老板的不当指令。但是这样做绝对不是说对老板的任何指示或者命令都要持有一种既非"肯定"也非"否定"的暧昧态度。相反，为达到拒绝的目的，最重要的一点是，事先就要确定自己的态度，之所以这样做是为了拒绝老板，不要改变自己的初衷。

有些问题十分重要而又复杂，无法当场决定采取"肯定"或是"否定"的态度，这种时候为了有所保留，不招致老板的不快，就要说：

"我想这个问题很重要，请让我多考虑一些时候。"

"现在一时说不出所以然来，无法马上答复你，请给我两

天的时间。"

此时，态度模棱两可则是必要的，关键是争取缓冲的时间，以便仔细考虑。

鲁迅曾说过："犹豫要走哪一条路的时候，应该好好地定下心来，花费足够的时间以选择要走的路。"

这可以说是有关决断的有益训示。

2. 善于辩解

作为下属，既要懂得拒绝老板，也要知道该如何让老板因为你的拒绝而欣赏你。

要想做到这一点，就要善于辩解。

辩解是辩明理由让对方了解以推动工作，而不是推诿责任。辩解是对自己言行负责的人应有的正确做法。在工作当中，有的人会认为"辩解是有失面子的事情"而保持沉默，这样做的最终结果是失去自己的主见，也是对自己的工作不负责任的表现。

当然，如果为了保护自己而拼命地辩解，也是不好的。

正确的做法应该是，主动说明原因，提供信息，说明不能如此去做的理由，绝不仅仅是保护自己，这才是最好的方法。

一般来说，下属找借口时说话都是慢吞吞或犹豫不决的，同时语调也会变得低沉，但如果是堂堂正正地说明理由时，态度便会热忱而明快，语调也会比较高昂。

向老板说明拒绝的理由时，要口齿清晰，态度明确，如果在讲话的时候语调低沉、态度畏畏缩缩，老板就会认为你是在找借口。

3. 要在拒绝当中成长

作为下属，常常会遇到这样的事情。当老板在某些场合听到一些工作上的新方法后，马上就会在自己的部门实施，还会督促下属说："我想在我们的部门，采用这种新方法来开展工作。"如果本部门适合这样的工作方法还好，但如果本部门的确不适合运用这种新的工作方法，这样做无疑是增加工作难度。这个时候，有的下属就会在私下里发牢骚，认为老板这样做是强人所难，也不管行不行得通，就将原来的工作秩序打乱。

发牢骚终归是发牢骚，不能解决任何实际的问题。这时，要想让老板打消这个念头，除非有人勇于拒绝上级或老板的新花样，如果不这样的话，就只有接受领导的这个新花样。

在实际工作当中，照正常情况，一个公司如果想采用一种新的工作方法，应该由组长一类的基层负责人根据实际情况决定是否采用，而不应由老板来考虑。可是如果老板心中有了某种打算，要想消除将是十分困难的。

那些绞尽脑汁想要设法说服老板的人，可以在这个过程中培养自己的某些能力。

当你认为老板的计划不可实施而加以拒绝的时候，在拒绝的过程中，你或许能发现老板计划中好的一面，认识到从前没有发觉的老板的另一面，这让你和老板之间加深了解，不失为一件好事。

虽然下属在拒绝老板的过程中有可能被老板说服，但自己却会因为受到老板的影响而得以成长。在拒绝的时候，下属可以得到很多实际的锻炼，这包括胆量、思维的敏捷性和口才的发挥等，从而促使自己成长。所以，作为下属，如果想在工作中做出成绩，就要学会拒绝，并勇于拒绝，当然，拒绝也必须是有理有节的，而绝不是无理取闹，更不是胡搅蛮缠。

4. 拒绝的最终结果还是要尊重老板的决策

在工作的时候，如果老板提出的计划是无论如何也行不通的，这时，下属对老板的命令是不是非服从不可呢？经验告诉我们，作为下属，你必须服从老板的最后决定，听从老板的意见，因为最终要负责任的是老板。

这个时候如果你一意孤行，盲目地反对老板的决定，置老板的决定于不顾，按照自己的想法去做，是绝对行不通的。

这个计划如果执行，十有八九会失败，且会造成重大损失，作为下属，就要考虑，是否也非服从不可。下属要如何做最终判断呢？依照下面的方式思考才是正确的做法。

自己的意见显然是正确的，而老板却断然不肯接受时，原则上应先让老板了解你是出于公心，是为工作着想，并且是在万般无奈的情况下才反对的，然后去实行老板的命令。假如你认为按老板命令去做，会让企业再造成难以弥补的重大损失，在情况十分危急的紧要关头，你可以以辞职为手段，"要挟"老板取消其命令。当然，这得有个前提条件，即你是一个在工作中老板离不开的人，或这个命令老板只能依靠你去执行。如果不是这样，则可以先接受下来，然后让它在执行中走样、变形，从而降低或消除它的危害性。

总之，作为一个负责任的下属，作为一个充满正义感的下属，要牢牢记住，在任何情况下，都应该把企业的整体利益放在首位。如果你这样做了，老板误解了你，但在事实面前，最终他还是会认识到你是正确的。到时，他就会万分地感谢你，因为是你的坚持，才免除了一场重大损失，也才免除了灾难性后果。

对领导有意见委婉说

面对来自上司的压力，我们总有一些话如鲠在喉，不吐不快。此时此刻，你将怎么做？不吐不快，绝不意味着一定要一吐为快，跟上司提意见还是要委转说。

1. 提意见兼顾上司的立场

李先生是一家知名外企的总经理助理。他的顶头上司王总是搞学术和技术出身，由于工作重点长期落在研究开发领域，因此对企业管理一知半解。出于对技术的钟情与依恋，王总直接插手技术部门的事，把公司管理的层级体系搞得乱七八糟，其他部门的员工敢怒不敢言，私下里无不怨声载道，让李先生与其他部门沟通协调倍感吃力。

经过思考，李先生决定向王总提出建议。

他对王总说，真正意义上的领导权威包含着技术权威和管理权威两个层面，王总的技术权威牢已固树立，而管理权威则有些薄弱，亟待加强。王总听后，若有所思。

李先生兼顾王总的立场，结果获得了成功。后来，王总果然越来越多地把时间用在人事、营销、财务的管理上，企业的不稳定因素得到控制，运营进入了高速发展状态，李先生的各项工作也顺风顺水，渐入佳境。

从李先生的经历，我们可以得到很好的启发：兼顾上司的立场，的确不失为向上司提意见的策略。首先，这么做没有排斥上司的观点，而是站在上司的立场上，最终是为了维护上司的权威；其次，这种策略是一种温和的方式，能够充分照顾上司的自尊，易被上司接受，效率较高；另外，实施者需要很强的综合能力，需要很高的修养。能够针对不同情况，兼顾上司

立场不断提出合理的意见，并非轻而易举。久而久之，自己的领导能力亦会迎风而长，甚至有一个飞速提升。

2. 注意语气适当，措辞委婉

拒绝领导时说得过火或过于渲染，涉及领导的尊严与权威，尺度掌握不准，就会有嘲讽、犯上之嫌，被领导误以为心怀不满，另有所指。所以下属一定要注意使自己的口气比较和缓，显示自己的诚恳和尊敬之情。特别是要使领导明确地认识到，你的所作所为都是出于做好工作的动机，是为领导设身处地地着想，而不是因为对领导本人有看法。

要想成功与上司交手，了解他的工作目标和其中的苦衷是极为重要的。赖斯顿说："假如你能把自己看成上司的搭档，设身处地替他着想，那么，他也会帮你的忙，实现你的理想。"

卡内基·梅伦大学的商学教授，《金领工人》一书的作者罗伯特·凯利，曾引用过加利福尼亚某电影公司的一位程序设计员和他上司进行争辩的故事。当时，围绕某个软件的价值问题，双方争执得僵持不下。凯利说："我就建议他们互换一下角色，站在对方的立场进行争辩。五分钟以后，他们便发现自己的行为有多么可笑，两个人都不禁大笑起来，接着，很快找出了解决的办法。"

汇报工作不能点到即止

在现代企业管理中,下级向上级汇报工作是再常见不过了。特别是对那些经常要与老板打交道的员工或下属来说,在老板所交办的每一项工作完成之后,向老板进行必要的工作汇报,更是必不可少的程序。

原则上说,只要是老板直接交办或委托他人交办的工作,无论大事小事,无论工作的结果是否圆满,均应向老板如实做出相应的汇报。

从管理的角度看,老板准确地掌握下属的工作总结的材料,有利于及时掌握工作进度及公司运行状况。对于员工和下属而言,如能掌握相应的技巧,不仅有利于自身素质的提高,还会进一步改善自己在老板心目中的形象。

汇报工作,不能太简单,也不能太啰唆,关键是要说到点子上,没有哪一个上司会喜欢啰里啰唆而又成绩平平的汇报者。汇报工作有时采取书面汇报,有时采取口头汇报,但不管是采取哪种形式,需要掌握的具有共性的技巧有四个方面:

1. 理清思路

你在向老板汇报工作之前,应冷静地对工作过程进行反思。至于先说什么,后说什么,以及哪些问题可以简略地叙述,哪些问题必须详细地说明,都必须理出一个比较清晰的思路来。如果对待一个问题,你自己都没有一个比较清晰的思路时，是无法或难以说服别人的。

汇报工作也是这样，如果不事先理清自己的思路，你是难以有条理地、层次分明地、有说服力地把自己做过的工作向老板汇报清楚的。

2. 突出重点

任何一项工作都有重点，即在任何工作中，各个环节的分量是不同的。把握重点，常常意味着抓住了工作的要害。而这些要害问题又往往关系着企业的重大利益和老板事业的大局。所以，老板听你的汇报或看你的汇报材料时，所关心的根本问题，就是你对工作中的重点问题的处理方法。在具体操作时，你应掌握俗语所讲的"事不过三"的原则。即在一般情况下员工或下属向上司或老板汇报工作时，关于谈的重点事项、关键问题，每次只谈一个或一件，最多不要超过三个或三件。

也许我们身边有很多这样的上级，他们在总结工作或做指示时，一般情况下总是"讲三条内容""提三点建议"或"希望大家从三方面去做好工作"。事实说明，那些往往把问题或意见或指示归纳为三点，而加以罗列的领导人，大多都比较干练，且办事效率相当高。尽管这不是绝对的现象，但却是一个有趣的现象。

因此，员工或下属在向领导汇报工作或同领导交谈时，要注意每次只强调一个问题，只突出一个重点，最多不超过三个问题或三件事情。这不仅有利于老板或上司理清思路,迅速决断,同时,还会使老板或上司对你的能力和效率表示认同。

所以,从一定意义上讲,善于掌握重点,突出重点,并把重点问题向老板描述清楚,不仅是一个方法和技巧的问题,更是一个素养和能力的问题。

3. 删繁就简

无论是口头汇报,还是书面汇报,你都必须注意删繁就简。

所谓"删繁就简",就是要把一切不必要的话语从汇报中删除。否则,就会出现两种不利的情况:一是让人感到你思路不清,不知所云;二是让人感到你文风不正,似有哗众取宠之嫌。更何况还有"话多有失"的时候。

4. 恳请老板评点

当你向老板汇报完工作之后,不可以马上一走了事。聪明人的做法是:主动恳请老板对自己的工作总结予以评点。

通常,老板对于下属的工作总结,大都会有一个评断,不同的是有一些评断他可能会讲出来,而另一些评断他则可能保留在心里。事实上那些保留在心里的评断,有时却是最重要的评断,对此,你绝不可大意。反之,你应该以真诚的态度去征求老板的意见,让老板把心里话讲出来。

对于老板的诚恳的评点,即便是逆耳之言,你也应以认真的精神、负责的态度去反思。老板之所以成为老板，他肯定在很多方面有着强于你的优点。

老板的诚恳评点，无疑是他把自己的聪明智慧，无偿地奉献给了你，你何不耐心接受呢？

同时，也只有那些能够虚心接受老板评点的员工和下属，才能够被老板委以重任。

那些经常与老板打交道的员工，如能掌握上述汇报工作的技巧，必定能不断提高工作能力和文化品位，同时也会受到老板的信任与赏识。

第十四章

要么出众，要么出局，人人都爱会说话的同事

初来乍到的说话规矩

初到公司，该怎么和同事说话呢？

1. 不忘寒暄

和同事在一起工作，不要小看寒暄、打招呼的作用。

早晨上班的时候，见到了同事，一句简单的"早上好"代表了你对他一天的祝福，让人如沐春风。下班的时候，说句"再见"代表了你亲善友好的态度。如果你和同事之间发生了什么不愉快的事情，简单的一句寒暄或许可以让你们之间的恩怨化为乌有。

寒暄、打招呼看起来似乎是无足轻重的，一句简单的话语不过几个字，脱口就可以说出，想都不用想，但实际上可以体现同事之间是否互相尊重、礼貌、友好。

2. 不自吹自擂

和同事相处一定要注意不能自吹自擂。

每个人都有优点，同样，每个人也都有缺点。人和人的能力是不一样的，你在某一方面或许很突出，而你的同事就有可能在其他的方面比你好。

要想为自己的发展创造良好的环境，要想有良好的人际关系，就要学会和各式各样的人相处，就要培养自己良好的素质，不在同事面前吹牛。

3. 安慰有方

人非圣贤，孰能无过？犯了错误挨批评是难免的。但是，在大庭广众之下挨批评的滋味可不好受。如果你的同事挨了老板的批评，你该怎么去安慰他呢？是盲目地劝慰，还是讲一些技巧？毫无疑问，安慰同事需要掌握一定的技巧。如果不掌握一定的技巧，不但不会让同事得到安慰，还会给自己带来不必要的麻烦。

当下属被老板公开责备的时候,他肯定会受到很大的伤害,甚至怒火中烧,对骂自己的老板深恶痛绝。如果此时你马上去安慰他,带着同情的心态去劝慰他,可能会造成相反的效果,你此时最好的办法是保持缄默。

事后,你可以找一个合适的机会,把同事约出去,让他调整一下心情。你这样做,老板不会不快,同事也会因此信赖你。

4. 以诚为本

俗话说:以诚为本。无论做什么事情,最重要的就是真诚。

在和别人合作的时候,一定要讲诚信。如果你连起码的诚信都没有,别人怎么敢和你合作?当今社会,恐怕没有人愿意和一个不讲信用的人共事。

如果一项工作需要同事之间合作完成,彼此就一定要互相信任,互相支持,互相帮助。

俗话说,群众的眼睛是雪亮的。从你对工作的态度、你在工作时与同事合作的心态,就可以看出你是一个什么样的人。

如果你在和同事合作的时候没有诚意,假装真诚,一旦需要你出手相助时,你却袖手旁观,甚至是耍手段,为了自己的利益而坑害同事,总有一天会被他们识破。到那时,没有人会再相信你,当你有了困难的时候,也没有人会帮助你,你最终会陷入一事无成的境地。

职场套路深，说话讲分寸

各类是是非非每天都在办公室里发生着，你可能是个很有正义感的人，忍不住要挺身而出"匡扶正义"；你也可能是个外向的人，眼里看不惯，嘴里要说出来；你还可能是个闲事少管的人……但不管你是个什么样的人，都要和同事们日复一日、年复一年地相处下去。这就需要你掌握一些与同事有分寸地说话的方式，在他们中间塑造受欢迎和受欣赏的形象与风格。

与同事相处，也要讲究一定的分寸。话太少不行，人家会认为你不合群、孤僻、不善交际。话多了也不行，容易让别人反感，而且也容易让别人误解，认定你是个大嘴巴。所以说，既不多说一句，也不少说一句，才是与同事相处的最明智做法。

如果某部门主管与你十分要好，有一天，他突然向你求助，说他希望与某公司合作，而你与该公司老板或有关人士十分熟稔，请你做中间人，向这位人士推荐一番，说几句好话。

不错，你与这人的交情很好，但是，你要切记：公私分明。

你不妨婉转、间接一些拒绝他，例如，可以打趣他说："其实这件事很简单，你一定可以应付自如的，被我的意见左右，可能不好。"这番话是间接提醒他：一个成功人士，必须独立、自信，而且，这样说也不会伤及大家的情谊。

不管同事怎样冒犯你，或者你们之间产生什么矛盾，都要得饶人处且饶人。多一句不如少一句，凡事忍让一点，日后你有什么差错，同事也不会做得太过分，推你走向绝境。

被提拔时，面对同事说话一定留三分

在现代社会，提拔有德有才之士到领导岗位上是常见的。这些人大都年富力强、前程远大，不管他们自身愿不愿意，一旦到了领导岗位，就必须掌握相应的说话艺术和技巧。在被提拔之前，你或许只是个芝麻大的小官，或许是个平民百姓，话说得好不好，对你的影响不太大，可现在不同了，你到了领导

岗位上。

在你被提拔之后，原来的领导或许成了你的同仁，而原来的同事成了你的下级，这样在你与他们之间就突然有了一种很微妙的距离感。你如何说话才能尽快打破这种局面呢？下面的方法可以试一试。

"各位领导，原来你们是我的上级，曾经不断鼓励我积极上进，并给了我许多机会显示自己的能力和才华，才使我在众多候选人中脱颖而出，得到提升。

"我很感谢各位对我的扶持和帮助，也希望在今后的工作中继续给我指出努力和前进的方向。

"对于做领导的艺术和学问，我想我一定不会像你们那样在行，你们从事领导工作时间比我早，所以在许多方面你们都

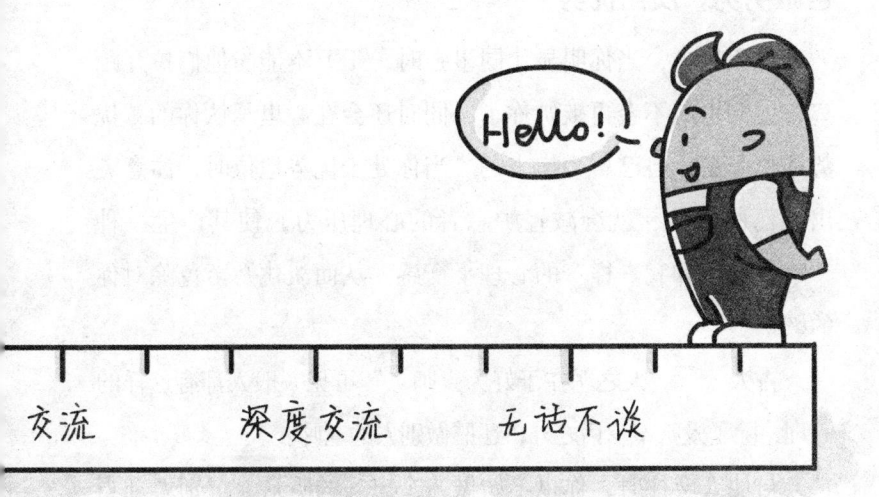

是我的老师，我要好好向你们讨教学习……

"以前我们大家是同事，在一起打打闹闹，处得非常愉快，现在虽然没有机会多和大家一起热闹，但我们的关系还和过去一样。在工作中，希望大家支持我。在工作之外，和过去没有任何区别，你们有什么意见和要求可随时提出来，有什么建议和不满也随时跟我沟通，我一定会尽自己的能力尽快地给予解决。

"希望大家理解和支持我的工作！希望大家配合我把工作做得更好！"

这样一番话说下来，相信谁也不会与你为难，对你心存芥蒂了。

自曝劣势，淡化优势

在职场中，当你明显比同事强时，千万不能与他们拉开距离，他们也就不会再嫉妒你了，同时还会在心里承认你的"优势地位"是靠自己努力换来的。当你处于优势地位时，注意突出自己的劣势，就会减轻妒忌者的心理压力，使其产生一种"哦，他也和我一样"的心理平衡感，从而淡化乃至免除对你的嫉妒。

古人云："人之恶在于好为人师。"可见一般人都有这样的心理，除了爱听奉承话之外，还愿做别人的老师。

与他人交往时，你也不妨做一个忠实的听众。把别人都当成自己的老师，少说多听，做一个学生，给对方充分表现自己的机会，最后达到自己的目的。这就是"甘为人徒法"的根本所在。

以人为师，少说为佳，并不是不说话。你要投其所好，不懂就问；懂得，有时也要装作不懂，找机会提问。你提问的方式，要能使对方口若悬河，使对方在心理上有一种满足感和被尊重感。这时你谦虚的形象，自然就呈现出来了。

有的新员工进公司后没多久就融入了公司的整体气氛中，而有的人只做了两三个月就辞职，关键就在于前者非常会使用"不耻下问"这一招，在众人尤其是重要人物面前，多谦虚请教，这样别人就不会把他视为眼中钉，有意冷落他。

职场上的路是靠自己走出来的。在你自曝劣势、不耻下问的过程中，你与工作中其他人员的关系往往会更加紧密，从而收获更多的成绩。

让同事接纳的有效说话方式

能让同事接纳的谈话方式有以下几种：

1. 主动承认错误

主动承认自己的错误，比让别人批评要心情舒畅。

如果你觉察到同事认为你有不妥之处，或是想指出你的不妥之处时，那么，你就要首先自己讲出来，主动承认自己的错误。相信他会宽宏大度，不计较你的过错，最后原谅你。

所以，如果错了（这是在所难免的）就干脆认错，这种做法可产生意想不到的效果。

所以，当你想让同事接受你的观点时，请遵循这条准则：只要错了，就坚决承认。

2. 耐心倾听

大多数人为使他人接受自己的观点，总爱侃侃而谈，同事之间相处更是如此，应该给别人把话说完的机会。因为他比你知道得更清楚，所以最好是向他提些问题，让他告诉你他认为什么是正确的。

不要因不赞同他的意见而打断他的话，千万不要这么做。在他言之未尽的时候，他会对你置之不理，因此请耐心听他把话说完并尽量加以理解。要真心实意地听，要鼓励他把话说完。

法国哲学家拉罗什弗科尔说："如果你想树敌，就设法超过自己的朋友；如果你需要朋友，就请为你的朋友提供超越你的机会。"

我们应该谦虚，因为我们自己没有什么了不起的。如果我们总是想在别人面前夸耀自己微不足道的成绩，那生活就太没意思了。最好是让别人讲话。请仔细想一想，你有什么值得自我吹嘘的呢？

所以，你如果想要别人依照你的观点办事，请遵照这条准则去做：给他人多说话的机会，自己尽量少说。

3. 在争论中不抢占上风

十次有九次的争吵结果是，每个人都更加相信自己是正确的。

实际上在争吵中是没有胜利者的。即使你在争吵中占了上风,说到底你还是失败了。为什么呢?即使你是胜利者,那又怎么样呢?你会暂时得意。但你的对手会怎样呢?你让他觉得自己低你一头,你伤了他的自尊心,他当然恼火。

佩恩·马尔特霍人寿保险公司为其代理人定下的规矩是:不许争论。

说服某人并不意味着要同他争论。因为争论不能改变别人的看法。

好好思考一下:你更想得到什么呢?是想得到表面的胜利还是别人的认同?二者兼得的事是很罕见的。

在争论中你的意见可能是正确的。但要改变一个人的看法,你的努力大概是徒劳的。威尔逊内阁财政部长威廉·马卡杜声称,在多年的政治活动中他悟出了一个道理,就是:"任何论据都不会说服一个不学无术的人。"

仅仅是不学无术的人不能被说服吗?这样说未免太简单了些。根据经验我们确信,任何一个人,无论其修养如何,都很难通过争论来说服他。

拿破仑的侍卫长康斯坦经常和约瑟芬打台球。他在《拿破仑生平回忆》一书中写道:"尽管我台球打得很好,但总是设法让她赢,以此博得她的欢心。"

我们应牢记这一点:在无关原则的争论中要给予同事取胜的机会。误会是不能靠争吵消除的。

有一次,林肯批评了一个年轻军官,原因是他同自己的一个同事进行了激烈的争吵。林肯说:"任何一个想要有所作为的人,都不应在和人争吵上浪费时间,这不是说他不应该允许自己发火和失去控制,而是说在重大问题上,如果你感到你和对方都正确,那你就应该让步。在枝节问题上,即使你明明知道对方不对,你也应该让步。给狗让路总比让它咬你一口要好,因为即使把狗打死,也不能马上治好你的伤。"

所以,当你与同事发生争论时,请记得这条准则:取胜的唯一方法就是避免占上风。

巧借第三者之口赞美对方

在背后说别人的好话,会被人认为是发自内心,不带私人动机的。其好处除了能激励更多的人以外,还能使被说者在听到别人"传播"过来的好话后,真正体会到这种赞扬的诚意,从而在荣誉感得到满足的同时,增强了上进心和对说好话者的信任感。

如《红楼梦》中有这么一段:

史湘云、薛宝钗劝贾宝玉做官为宦,贾宝玉大为反感,对着史湘云和薛宝钗赞美林黛玉说:"林姑娘从来没有说过这些混账话!要是她说这些混账话,我早和她生分了。"

凑巧这时黛玉正来到窗外,无意中听见贾宝玉说自己的好话，不觉又惊又喜，又是悲又是叹。结果宝、黛二人互诉肺腑，感情大增。

因为在林黛玉看来，宝玉在湘云、宝钗、自己三人中只赞美自己，而且不知道自己会听到，这种好话是发自内心的。倘若宝玉当着黛玉的面说这番话，好猜疑、小性子的林黛玉怕还会说宝玉打趣她或想讨好她呢。

你的很多同事都有自己出色的表现和引以为自豪的东西，只是这些表现有时无法为领导或其他同事发现。此时如果你充当一个发现者的角色，在背后赞美他，同事会非常感激的。

表面的赞美有时会令人很尴尬，但背后的赞美会收到奇效。不要担心别人不知道你为他做了些什么，世上没有不透风的墙。

宁伟比较热心，经常利用休息时间去看望邻居家的孤寡老人，帮助他们做事。在一年前，他递交了入党申请书。一天，他的同事蔺英发现了这个秘密，回来后装作不经意地对其他同事谈起这件事情。宁伟照顾孤寡老人的事情不胫而走，不久，公司党委鉴于其表现，同意接受宁伟为预备党员，并且任命其为公司团委书记。后来，宁伟得知是由于蔺英的"告密"自己才走上这条坦途的，对蔺英心存感激，不久，蔺英被任命为部门负责人。

有很多领导喜欢在背地里打听其他同事的情况，此时应该多替同事说好话。对于那些原来在领导心目中地位很普通的同事更应该如此。那么这样会不会让能力强的同事失宠呢？答案是否定的，领导有自己的打算，你的话他只作为参考。

如果领导当众批评了某位同事，在有机会的条件下，与领导单独相处时，不妨在领导面前替他美言几句。领导毕竟了解的有限，也许只了解到同事的一面，这时，你的赞美就成了领导的参照，可以起到关键性的作用。

当面说和背后说是不同的，效果也会不一样。在背后说同事的好话，能极大地表现你的"胸怀"和"诚实"，有事半功倍的效果。多在第三人面前赞美同事，被赞美的同事必然认为那是真诚的赞美，毫无虚伪成分，对你感激不尽。